$\overset{2}{m}$ 83

ARMORIAL

DU DUCHÉ

DE NIVERNAIS.

Cet ouvrage n'a été tiré qu'à 450 exemplaires, dont *dix* en papier vélin, *dix* en papier de Hollande et *cinq* en papier de couleur.

IMPRIMERIE DE A. FARINE, A. ROANNE.

ARMORIAL

DE L'ANCIEN DUCHÉ

DE NIVERNAIS

SUIVI

DE LA LISTE DE L'ASSEMBLÉE DE L'ORDRE DE LA NOBLESSE DU BAILLIAGE
DE NIVERNAIS AUX ÉTATS-GÉNÉRAUX DE 1789

PAR

GEORGE DE SOULTRAIT

Correspondant du Comité historique des Arts et Monuments.

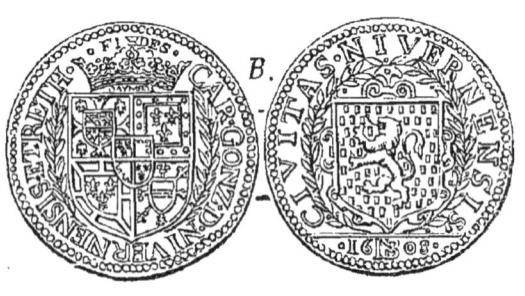

PARIS
VICTOR DIDRON
LIBRAIRIE ARCHÉOLOGIQUE
Place St.-André-des-Arcs, 30
1847

AVANT-PROPOS.

L'ouvrage que nous offrons au public comprend la description de toutes les armoiries relatives au Nivernais.

Puisque nous nous sommes décidé à le publier, peut-être n'est-il pas hors de propos de dire pourquoi il a été entrepris, comment il a été exécuté, et les raisons pour lesquelles il nous a semblé pouvoir être de quelque utilité. M. Eysembach avait placé dans l'*Annuaire de la Nièvre de 1843*, un armorial du Nivernais; son article intéressant du reste n'était qu'un essai, il demandait un supplément et quelques rectifications, l'auteur ne s'étant servi que des manuscrits de l'abbé de Marolles, souvent fautifs en matière de blason. On nous engagea à compléter le travail du savant archiviste, et c'est dans ce but que nous avons donné les trois articles intitulés *Armorial de l'ancien Duché de Nivernais.*

Mais depuis ces publications, faites un peu à la hâte et sans ordre, des renseignements curieux et en grand nombre sont venus à notre connaissance, nous montrant des omissions à réparer, des erreurs à faire disparaître ; en outre, à mesure que nous nous adonnions à cette étude, nous y prenions intérêt, et, ce qui ne devait être qu'un supplément, devenait l'objet de longues et sérieuses recherches.

Nous croyons maintenant avoir rassemblé assez de documents pour offrir aux antiquaires du Nivernais un livre qui puisse les aider dans l'étude des monuments et de l'histoire de notre province.

Disons quelques mots du plan que nous nous sommes tracé : Pendant les huit derniers siècles de notre histoire, on retrouve constamment trois pouvoirs, trois ordres : le Clergé, la Noblesse et le Tiers-Etat qui, depuis l'affranchissement des communes, grandit à côté, et souvent aux dépens des deux autres. Notre travail aura donc trois parties : En première ligne, la puissance ecclésiastique, l'évêché ; à la suite des évêques se placeront naturellement le chapitre, les collégiales et les communautés religieuses.

Le second ordre, celui de la noblesse, devrait venir ensuite dans l'ordre hiérarchique, mais les communes et les corporations laïques étant, en définitive, d'un intérêt plus général, nous donnerons la seconde place à tout ce qui se rattache au tiers-état.

Nous terminerons par la noblesse, prenant d'abord le comté, les comtes et ducs, puis les possesseurs successifs des quatre premières baronies, enfin les familles nobles par ordre alphabétique.

Tel est le plan qui nous a semblé le plus logique, et c'est celui que nous suivrons dans l'*Armorial du Nivernais*.

Nous dirons encore que notre intention a été de faire un travail archéologique sérieux, bien plus qu'un nobiliaire, nous n'avancerons donc rien sans indiquer nos *sources*. Un ouvrage de ce genre ne doit être qu'une compilation faite avec discernement et conscience, sous ce rapport du moins nous croyons avoir atteint notre but.

Pour faciliter les recherches des personnes qui voudraient constater l'exactitude de notre travail, nous ferons suivre l'*Armorial* d'un petit Dictionnaire bibliographique de tous les ouvrages et documents consultés par nous. Au moyen de ce supplément nous déclinons toute responsabilité, renvoyant aux livres et aux manuscrits qui font autorité en pareille matière.

ARMORIAL

DE L'ANCIEN

DUCHÉ DE NIVERNAIS.

CLERGÉ.

ÉVÊCHÉ DE NEVERS.

Armes.

De gueules, à trois châteaux d'or accompagnés de cinq fleurs de lys de même, posées en sautoir (1). Pl. I. (*Armorial manuscrit des évêchés de France,* aux estampes de la Bibliothèque royale.)

CHAPITRE DE ST.-CYR DE NEVERS. Institué au IXe siècle par l'évêque Hériman, il fut d'abord composé de soixante chanoines; l'église de St.-Cyr appartenait au Chapitre, qui était seigneur temporel de domaines considérables.

Armes.

De gueules, au sanglier au naturel, chargé d'un St.-Cyr de même, nimbé d'or, au chef d'azur semé de fleurs de lys d'or (2). Pl. I. (*Album du Nivernais.*)

---

(1) Sans doute ces trois châteaux sont l'emblème des trois châtellenies d'Urzy, de Parzy et de Prémery, anciens fiefs des évêques de Nevers. Les fleurs de lys qui figurent dans les armoiries, sont en général de concession royale.

(2) St.-Cyr, patron de l'église cathédrale de Nevers, était représenté monté sur un sanglier, d'après une tradition rapportée par Michel

DOYENNÉ DE NEVERS. Le doyen était le premier dignitaire du Chapitre.

Armes.

D'azur semé de fleurs de lys d'or, à une hure de sanglier de même brochant sur le tout ; parti d'azur, à trois pommes de pin d'or (1). Pl. I. (*Armorial de la généralité de Moulins.*)

ÉVÊQUES DE NEVERS.

SAINT EULADE, au commencement du VIe siècle, fut le premier évêque de Nevers ; nous ne donnerons la liste de ses successeurs qu'à partir du milieu du XIIe, époque où les armoiries sont devenues d'un usage général. Nous n'avons pu, malgré nos recherches, retrouver le blason de tous nos prélats ; espérons que de nouveaux renseignements permettront de combler les lacunes de cette partie de notre travail.

BERNARD DE ST.-SAULGE, 47e évêque (1160-1177).
THIBAUD (1177-1188).
JEAN Ier (1188-1196).

Cotignon ; voici le récit de cet auteur : « Charles-le-Chauve dormant et
» pensant estre à la chasse tout seul en des bois, il luy sembla voir un
» grand sanglier furieux et fort eschauffé, venant droit à luy pour
» l'offenser ; dont ayant grand peur et s'estant mis à prier Dieu, s'apparut
» à luy un enfant nud qui lui dit que s'il luy vouloit donner un voile pour
» se couvrir, il le délivreroit du mal et de la mort que cette féroce beste
» luy alloit pointer. Ce que luy ayant promis, iceluy enfant prit ledit
» sanglier, monta dessus, luy mena et luy fit tuer de son espée. » Un
vitrail de l'Eglise cathédrale représentait cette légende, que l'on retrouve
encore sur quelques chapiteaux, notamment à St.-Cyr et à St.-Saulge,
et sur les mereaux d'Issoudun, en Berry.

(1) Ces armoiries datent probablement du commencement du XIIIe
siècle ; elles sont formées de celles du Chapitre et de celles de la maison
de Donzy, qui possédait alors le comté.

Gautier (1196-1201).
Guillaume de St.-Lazare (1201-1222).
Gervais de Chateauneuf (1222-1223).

Armes.

D'or, à la croix denchée d'argent (1). Pl. I. (*Album du Nivernais.*)

Renaud (1223-1230).
Raoul de Beauvais (1232-1238).
Robert Cornu (1240-1252).

Armes.

D'argent, à la bande de gueules. Pl. I. (*Album du Nivernais.*)

Henri Cornu (1253-1254).

Même armes que le précédent.

Guillaume de Grand-Puy, issu d'une famille puissante en Nivernais et en Bourgogne au XIIIe siècle (1254-1260).
Robert de Marzy (1261-1274).
Gilles de Chateau-Renaud, des premiers seigneurs de Château-Renaud, près de la Guierche (1278-1283).
Gilles du Chatelet, d'une illustre famille de Lorraine, descendant en ligne masculine des ducs de Lorraine, de la maison d'Alsace (1283-1294).

---

(1) Ce sont des armes à *enquerre*; on donne ce nom aux armoiries dont les pièces de métal sont sur un champ de métal, ou les pièces de couleur sur un champ de couleur.
Ce terme vient du vieux verbe *enquerre*, qui signifie s'enquérir, s'informer, parce que les armoiries de métal sur métal ou de couleur sur couleur, étant contre l'usage de l'art héraldique, donnent occasion de demander pourquoi on les porte ainsi.

Armes.

D'or, à la bande de gueules, chargée de trois fleurs de lys d'argent, posées dans le sens de la bande. Pl. I. (Le P. Anselme, *Histoire des grands officiers de la Couronne.* — Duchesne, *Généalogie de la maison du Châtelet.*)

Jean de Savigny (1296-1315).

Armes.

De gueules, à trois lionceaux contournés d'argent, couronnés de même. Pl. I. (*Album du Nivernais.*)

Guillaume Beaufils, d'une famille de la Charité-sur-Loire (1315-1319).

Pierre Bertrand, d'une famille du Vivarais (1319-1323).

Armes.

D'or, au chevron d'azur, chargé de trois fleurs de lys d'argent, et accompagné de trois roses de gueules. Pl. I. (*Album du Nivernais.*)

Pierre Bertrand de Colombier, neveu du précédent, qui lui résigna son évêché en 1326. Bertrand quitta l'évêché de Nevers pour celui d'Arras, et, en 1343, le pape Clément VI l'éleva à la dignité de cardinal, du titre de Ste.-Suzanne (1325-1329).

Bertrand (1329-1333).

Jean Mandevillain, *alias* de Mandeville (1333-1334).

Pierre (1335-1339).

Albert Acciajoli fut nommé à l'évêché de Nevers par le pape Benoît XII, mais il ne prit pas possession de ce siége; il était d'une illustre famille de Florence (1340).

Bertrand de Fumel, de la famille des seigneurs de Montsegur en Quercy (1340-1360).

Armes.

D'or, à trois pointes d'azur. Pl. I. (Gastelier de la Tour, *Dictionnaire héraldique.*)

Renaud de Moulins (1360-1361).

Pierre Aicelin de Montaigu, de l'ancienne maison de Montaigu en Auvergne, fut transféré à l'évêché de Laon en 1370, puis nommé cardinal par le pape Clément VII (1361-1370).

Armes.

De sable, à trois têtes de lion arrachées d'or, lampassées de gueules. Pl. I. (Le P. Anselme, *Histoire des grands officiers de la Couronne.*)

Jean de Neufchatel, d'une des plus illustres familles du comté de Bourgogne; ce prélat fut transféré en 1372 à l'évêché de Toul, puis en 1385, nommé cardinal par Clément VII, son parent, dont il devint le camérier; enfin, évêque d'Ostie et de Veletri. Il mourut à Avignon en odeur de sainteté, le 4 octobre 1398, et fut enterré à la Chartreuse de Villeneuve-lès-Avignon. C'est lui qui a été connu sous le nom de cardinal de *Toul* et non de *Tulles*, comme l'a écrit Coquille (1370-1372).

Armes.

De gueules, à la bande d'argent. Pl. I. (Maurice, *le Blason des chevaliers de la Toison-d'Or.*)

Pierre de Villiers (1373-1375).

Pierre de Jaucourt-Dinteville, d'une noble famille

de Bourgogne, dont quelques membres ont habité le Nivernais (1375-1390).

Armes.

De sable, à deux léopards d'or. Pl. I. (D'Hozier, *Armorial général de France.* — Gastelier de la Tour.)

Maurice de Coulanges (1390-1394).

Philippe Froment était évêque de Bethléem, près de Clamecy, quand il fut appelé au siége épiscopal de Nevers (1394-1400).

Robert de Dangeul, avant d'être élu par le Chapitre, était en même temps archidiacre de Nevers et de Paris, chanoine de Chartres, conseiller et aumônier du roi Charles VI et de Philippe-le-Hardi, duc de Bourgogne (1400-1430).

Armes.

Palé d'azur et d'or, au chef de gueules, chargé d'une rose d'argent. Pl. I. (*Album du Nivernais.*)

Pierre de Pougues, d'une ancienne famille du Nivernais, dont nous parlerons plus loin. Il fut élu par les chanoines en 1430, mais non consacré.

Jean Germain naquit au village de Velay en Nivernais; ses parents étaient de condition servile et son père fut affranchi par son seigneur. Jean Germain était doyen du chapitre de Dijon et chancelier de l'ordre de la Toison-d'Or, quand, en 1430, le pape Martin V le nomma à l'évêché de Nevers (1430-1436).

Jean Vivien (1436-1445).

Jean d'Estampes, de la famille des seigneurs de Sallebris, des Roches et d'Ardelou, en Berry, fut élu par le chapitre conformément à la pragmatique, et sacré le 20 novembre

1445; mais le pape Eugène IV, qui ne reconnaissait pas la pragmatique sanction, avait nommé de son côté à l'évêché de Nevers Jean Tronson, archidiacre de Cambray; ce dernier avait pour lui la protection du duc de Bourgogne et celle du comte de Nevers, l'autre était soutenu de toute l'autorité du roi Charles VII; cette discussion ne cessa qu'en 1448, par la mort et la dispersion des principaux partisans de Jean Tronson (1445-1461).

Armes.

D'azur, à deux girons d'or appointés en chevron, au chef d'argent, chargé de trois couronnes ducales de gueules. Pl. I. (Le P. Anselme, *Histoire des grands officiers de la Couronne.*)

PIERRE DE FONTENAY, neveu du précédent, était d'une ancienne famille du Berry; il garda le siége de Nevers pendant près de 40 ans, et le premier fit rédiger un Bréviaire particulier pour son diocèse (1461-1499).

Armes.

Palé d'argent et d'azur, au chevron de gueules brochant sur le tout. Pl. I. (Thaumas de la Thaumassière, *Histoire du Berry.*)

FERDINAND D'ALMEÏDA, prélat Portugais, fut nommé évêque de Nevers à la recommandation de Louis XII, à cause de la part qu'il avait prise à la dissolution du mariage de ce roi avec Jeanne de France; mais il ne voulut pas quitter la cour de Rome à laquelle il était attaché, et ne se fit pas confirmer dans cette nomination (1499-1500).

Armes.

Ecartelé : aux 1 et 4 d'or, à six billettes de gueules percées du champ, posées 2, 2, 2; aux 2 et 3 d'argent, au sautoir de gueules, chargé de cinq écussons d'or. Pl. I. (*Album du Nivernais.*)

PHILIPPE DE CLÈVES, fils de Jean Ier, duc de Clèves, comte de La Mark et d'Élisabeth de Bourgogne (1500-1504).

Armes.

De gueules, au ray d'escarboucle fleurdelysé d'or, enté en cœur d'argent, à l'escarboucle de sinople. Pl. II. (Lachesnaye des Bois, *Dictionnaire de la Noblesse*. — Paillot, *la Vraie et parfaite science des Armoiries*.)

(1504-1508) *Interim* pendant lequel Antoine de Feurs, doyen de Lyon, et Imbert de la Platière, doyen de Nevers, se disputèrent le siége épiscopal sans pouvoir l'obtenir ; tous deux furent obligés de céder la place à

JEAN BOHIER, d'une famille d'Auvergne, parent du cardinal du Prat, et frère d'Antoine Bohier, archevêque de Bourges et cardinal (1508-1512).

Armes.

D'or, au lion d'azur, au chef de gueules. Pl. I. (Courcelles. — Pallet, *Nouvelle histoire du Berry*.)

IMBERT DE LA PLATIÈRE, le même que nous avons vu disputer le siége de Nevers à Antoine de Feurs, était de l'ancienne et noble famille des seigneurs des Bordes et de Bourdillon, en Nivernais. Il fut le dernier évêque élu par le Chapitre (1512-1518).

Armes.

D'argent, au chevron de gueules, accompagné de trois anylles (1) ou fers de moulin de sable. Pl. II. (Vulson de la Colombière, *la Science Héroïque*.)

---

(1) « La pièce de fer qui soustient la meule tournante d'vn moulin à
» farine, est appelée anylle, et ces nylles ou anylles se trouvent en
» armoiries en diuerses dispositions. » (*Trésor héraldique* ou *Mercure armorial*, par Me Charles Segoing.)

Jacques d'Albret-Orval, fils naturel de Jean d'Albret, sire d'Orval, comte de Dreux et de Rhétel (1519-1539).

Armes.

De gueules, à la bordure engrelée d'argent, au bâton de sable péri en barre, comme brisure. Pl. II. (*Album du Nivernais.*)

Charles de Bourbon-Vendôme, frère cadet d'Antoine de Bourbon, roi de Navarre, et beau-frère de François de Clèves, duc de Nevers. Ce prince, né en 1523, ne garda le siége de Nevers que comme administrateur, n'ayant pas l'âge requis pour être sacré; il fut ensuite archevêque de Rouen et cardinal. C'est lui que le duc de Mayenne fit roi de la ligue en 1589, sous le nom de Charles X (1540-1548).

Armes.

D'azur, à trois fleurs de lys d'or, au bâton de gueules péri en bande (1). Pl. II.

Jacques-Paul Spifame, d'une famille du parlement de Paris, fut recteur de l'Université de cette ville, président de la chambre des enquêtes, maître des requêtes et conseiller d'état, enfin évêque de Nevers en 1548; il assista en cette qualité aux états-généraux de Paris de 1557. L'année suivante, il résigna son évêché à Gilles Spifame, son neveu, embrassa la réforme de Calvin et s'enfuit à Genève, où sa conduite et ses intrigues le rendirent

---

(1) « Les comtes de la Marche et de Vendosme estant puinez (de la
» maison de Bourbon), pour brisure et différence des armes pleines,
» chargèrent la bande de gueules de l'escu de Bourbon, de trois lyons
» d'argent, qu'ils laissèrent après la mort du connestable Charles de
» Bourbon, pour prendre les armes pleines comme ayant succédé au
» droict d'aisnesse. » (Ste.-Marthe, *Maison de France.*)

suspect; il y eut la tête tranchée le 25 mars 1566 (1548-1558).

Armes.

De gueules, à l'aigle éployée d'argent, couronnée de même. Pl. II. (Lachesnaye des Bois, *Dictionnaire de la noblesse.* — *Album du Nivernais.*)

Gilles Spifame (1559-1578).

Mêmes armes que le précédent.

Arnaud Sorbin, dit de *Sainte-Foi*, naquit en Quercy de parents pauvres. Le cardinal d'Armagnac lui donna la cure de Ste.-Foi, dont il retint le nom; célèbre par son éloquence, il vint à Paris en 1567, et Charles IX le choisit pour son prédicateur ordinaire; Henri III le nomma à l'évêché de Nevers (1578-1606).

Armes.

De gueules, à une *foi* (1) d'argent, surmontée d'un livre ouvert de même. Pl. II. (*Album du Nivernais.*)

Eustache du Lys, d'une ancienne famille du Nivernais, était trésorier du chapitre de Nevers et aumônier ordinaire de Henri IV, quand il fut promu à l'épiscopat. Il avait été député du clergé de Nevers aux états de Blois, en 1588 (1606-1643).

Armes.

D'azur, à trois chiens courants d'or, l'un sur l'autre, et une fleur de lys de même en chef. Pl. II. (*Le roy d'armes*, du P. de Varennes.)

---

(1) On donne ce nom en blason à deux mains réunies et serrées l'une dans l'autre.

Eustache de Chéry, neveu du précédent, fut sacré par lui évêque de Philadelphie en 1634 et nommé coadjuteur de Nevers; son oncle étant mort neuf ans plus tard, il lui succéda. Puis, en 1666, il résigna l'évêché de Nevers à Edouard Valot, ne se réservant que le prieuré de St.-Reverien et le château de Prémery, où il mourut en 1669 (1643-1666).

Armes.

D'azur, au chevron d'or, accompagné de trois roses d'argent; boutonnées du second émail. Pl. II. (D'Hozier,. *Armorial général de France.*)

Edouard Valot, fils d'Antoine Valot, premier médecin de Louis XIV. En 1705, il se démit de son siége en faveur d'Edouard Bargedé (1667-1705).

Armes.

D'azur, au chevron accompagné en chef de deux étoiles et en pointe d'un rameau de chêne portant trois glands, le tout d'or. Pl. II. (*Armorial de la généralité de Moulins.*)

Edouard Bargedé, était sans doute d'une famille originaire de Vézelai, dont Lacroix du Maine et Duverdier font mention dans leurs *Bibliothèques*, à propos d'un Nicole Bargedé, auteur de quelques poésies françaises, imprimées au milieu du xvie siècle (1705-1719).

Armes.

De gueules, à la bande d'or, chargée d'un lion de sable, et accompagnée de trois croisettes du second émail, deux en chef et une en pointe. Pl. II. (*Armorial* de Jacques Chevillard.)

Charles Fontaine des Montées, d'une riche famille commerçante d'Orléans, fut d'abord abbé de St.-Cyranen-Brenne, au diocèse de Bourges, puis conseiller d'honneur au parlement de Paris, enfin évêque de Nevers (1719-1740).

Armes.

D'or, au rencontre de cerf de sable. Pl. II. (Gastelier de la Tour, *Dictionnaire héraldique.*)

Guillaume d'Hugues, d'une famille noble de Provence (1741-1751).

Armes.

D'azur, au lion d'or, surmonté de trois étoiles de même, et trois fasces de gueules brochant sur le lion. Pl. II. (St.-Allais, *Nobiliaire de France.*)

Jean-Antoine Tinseau, était évêque de Belley quand il fut appelé au siége de Nevers (1751-1782).

Armes.

D'azur, au dextrochère tenant trois rameaux de saule, le tout d'or. Pl. II. (*Album du Nivernais.*)

Pierre de Séguiran, d'une ancienne famille de Provence, fut coadjuteur du précédent, en 1782 (1783-1789).

Armes.

D'azur, au cerf élancé d'or. Pl. II. (Gastelier de la Tour.)

Louis-Jérôme de Suffren de St.-Tropez, d'une noble famille de Provence, fut d'abord évêque de Sisteron; forcé d'abandonner son siége en 1791, il se retira à Turin, où il mourut en 1796 (1789-1791).

Armes.

D'azur, au sautoir d'argent, cantonné de quatre têtes de léopard d'or. Pl. II. (Gastelier de la Tour.)

Guillaume Tollet, curé de Vandenesse, fut, en raison de l'émigration de Mgr. de Suffren, proclamé évêque constitutionnel du département de la Nièvre, le 23 février 1791 ; mais un décret de la Convention nationale, de 1792, ayant supprimé le traitement du clergé, il se retira dans sa cure de Vandenesse, où il mourut peu de temps après.

L'évêché de Nevers ne fut pas maintenu par le concordat ; de 1801 à 1823, le département de la Nièvre dépendit, pour le spirituel, du diocèse d'Autun, suffragant de l'archevêché de Besançon ; une bulle du pape Pie VII, datée du 10 octobre 1822, rétablit le siège de Nevers et confirma la nomination faite par le roi de

Jean-Baptiste-François-Nicolas Millaux (1823-1829).

Armes.

De gueules, à la croix alaisée d'argent, au chef cousu d'azur, chargé de deux colombes essorantes du second émail. Pl. II.

Charles de Douhet d'Auzers (1829-1834).

Armes.

Ecartelé : aux 1 et 4 d'azur, à la tour d'argent ; aux 2 et 3 de gueules, à la licorne saillante d'argent. Pl. II. (St.-Allais.)

Monseigneur Paul Naudo, transféré à l'archevêché d'Avignon (1834-1843).

Armes.

D'azur, à l'ancre d'argent, au chef cousu de gueules, chargé de trois croisettes patées du second émail. Pl. II.

Monseigneur Dominique-Augustin Dufètre, 104e successeur de saint Eulade, occupe le siège épiscopal de Nevers depuis 1843.

Armes.

D'azur, au lévrier d'argent courant sur le globe du monde de même, et tenant dans sa gueule un flambeau de sable allumé de gueules, au chef cousu de gueules, chargé de 3 étoiles du second émail. Pl. II.

ÉVÊCHÉ DE BÉTHLÉEM.

Guillaume IV, comte de Nevers, ayant fait vœu en 1167 de suivre Louis-le-Jeune en Palestine, y emmena un assez grand nombre de chevaliers. Le voyage fut heureux, mais à peine arrivé dans la Terre-Sainte, le comte tomba malade de la peste, et se voyant à toute extrémité, voulut faire son testament. Comme il avait une dévotion particulière pour Bethléem, il ordonna que son corps y fut inhumé, et légua à cette église l'hôpital de Pantenor de Clamecy, avec les biens qui en dépendaient, afin que l'évêque put y faire sa retraite, dans le cas où les Sarrasins parviendraient à le chasser de son siége. Guy Ier, frère et successeur de Guillaume IV, approuva cette donation, la signa et la fit signer par tous ses barons. Guillaume étant mort peu de temps après (24 octobre 1168), fut inhumé à Bethléem.

Guy revint bientôt en France emmenant l'évêque de Bethléem qu'il mit en possession de son hôpital de Pantenor; dès-lors ce lieu prit le nom de Bethléem et fut le siége d'un évêché. La comtesse Mahaud, en 1223, et le roi Charles VI, en 1412, confirmèrent les dons faits à cette église; le même roi ordonna que les titulaires qui seraient originaires de France, ou qui y auraient demeuré depuis long-temps, jouiraient des mêmes priviléges que les autres évêques du royaume.

Les évêques de Bethléem étaient nommés par les comtes et ducs de Nevers, ils devaient être agréés par le roi. Nous allons en donner la suite d'après le *Gallia Christiana*; malheureusement nous n'avons pu retrouver les armes que d'un bien petit nombre d'entre eux.

ÉVÊQUES DE BETHLÉEM.

Les auteurs ne sont pas d'accord sur le nom du premier titulaire de l'évêché de Bethléem à Clamecy; nous commencerons par Regnier, en faveur de qui la comtesse Mahaud confirma le don de l'hospice de Pantenor, en 1223.

REGNIER (1223).

GODEFROY DES PARFAITS (1225).

THOMAS AGNI DE LÉONTIO (1255).

GAILLARD D'OURSAULT (1268).

HUGUES DE CURCIS (1279).

PIERRE DE ST.-MAIXENT (1286 ou 1287).

GÉRARD DE GIZORS (1294).

WULFRAND D'ABBEVILLE (1301).

JEAN HÉGLESCLIF, dominicain Anglais (1323).

PIERRE (1347).

DURAND (1361).

ADHÉMAR DE LA ROCHE (1363).

GUILLAUME DE VALAN, d'une famille d'Auxerre; il était dominicain et conseiller du duc de Bourgogne (1371).

JEAN DE GENENCE (1391).

GUILLAUME MARTELLET, doyen de Nevers (1392 ou 1393).

Philippe Froment fut bientôt appelé à l'évêché de Nevers (1393).

Jean l'Ami (1407).

Lanfranc (1409).

Michel (1410).

Jean Marchand, dominicain, d'une famille noble de Bourgogne; c'est sous son épiscopat que Charles VI confirma les dons faits à l'église de Bethléem.

Armes.

D'azur, à deux chevrons, accompagnés de six étoiles, deux en chef, trois entre les chevrons et une en pointe, le tout d'or. Pl. III. (*Nobiliaire manusc. de Bourgogne*, à la Bibl. de l'Arsenal.)

Laurent Pignon, dominicain, fut transféré à l'évêché d'Auxerre (1420).

Jean de La Roche, d'une ancienne famille de Bourgogne, passa à l'évêché de Châlon-sur-Saône (1428).

Armes.

D'azur, à trois fasces d'argent. Pl. III. (*Gallia Christiana*.)

Dominique (1434).

Arnaud Guillaume de Limonne, carme (1436).

Etienne Pillerand (1457).

Jean Beretin (1462).

Antoine d'Aubusson, de l'illustre famille de ce nom (1464).

Armes.

D'or, à la croix ancrée de gueules. Pl. III. (*Histoire des grands officiers de la Couronne.*)

François (1468).

Christophe Lami, d'une famille noble de Touraine (1472).

Armes.

D'azur, à une aigle d'or, ayant une tête de femme de carnation. Pl. III. (Lachesnaye des Bois, *Dictionnaire de la Noblesse.*)

JEAN PILORY, dominicain (1477).

BERTRAND ALDÉGERI (1481).

HUBERT (1492).

JACQUES HEMERÉ, chanoine de Ste.-Marie-de-Salles, au diocèse de Bourges (1492).

JEAN L'APÔTRE (1498).

ANTOINE DE CRENEL, abbé de l'Etoile, en Poitou (1501).

MARTIN BAILLEUX (1512).

PHILIBERT DE BEAUJEU, de l'illustre famille de ce nom, était prieur de St.-Germain d'Auxerre (1524).

Armes.

D'or, au lion de sable, armé et lampassé de gueules, chargé d'un lambel de même (1). Pl. III. (*Histoire des grands officiers de la Couronne.*)

Les cinq évêques dont les noms suivent ont été élus mais non consacrés :

DOMINIQUE PHILETIN, chanoine de Nevers (1555).

URBAIN REVERSY OU DE REVERSIN (1558).

ANTOINE TRUSSON (1560).

CHARLES BOURBONNAT (1568).

LOUIS HÉBERT (1579).

---

(1) Ces armes sont décrites en patois dans un quatrain que nous ont conservé les chroniques :

> Un lion nai en champ d'ora,
> Les ongles roges et la quoa reverpa,
> Un lambey roge sur la joua,
> Y sont les armes de Béjoua.

Simon Jourdain (1584).

Louis de Clèves, fils naturel de François de Clèves et d'Antoinette du Bouchet, était abbé commendataire de Bourras et prieur de la Charité, quand il fut appelé à l'évêché de Bethléem (1601).

Armes.

De gueules, au ray d'escarboucle fleurdelysé d'or, enté en cœur d'argent, à l'escarboucle de sinople, à la bande de sable brochant sur le tout. Pl. III. (*Histoire des grands officiers de la Couronne.*)

Erard de Rochefort, fut nommé par le duc de Nevers, mais non consacré.

Jean de Clèves, neveu de Louis de Clèves, était aussi prieur de la Charité (1615).

Mêmes armes que Louis de Clèves.

André du Sauzay, d'une famille noble, originaire du Forez (1623).

Armes.

D'azur, à une tour d'argent maçonnée de sable, sur une terrasse de sinople, accostée en chef de deux étoiles du second émail. Pl. III. (Thaumas de la Thaumassière, *Histoire du Berry.*)

Jean-François de Bontemps (1644).

Armes.

D'or, au chêne de sinople, au chef de gueules chargé d'un léopard d'or. Pl. III. (Lachesnaye des Bois.)

Christophe d'Authier de Sisgau, d'une famille de Marseille (1651).

François de Batailler (1664).

Louis de Sanlecque, nommé, mais non consacré.
Chérubin-Louis Lebel (**1713**).

Armes.

De sinople, à la fasce d'argent. Pl. III. (*Armorial manuscrit des évêchés de France.*)

Louis-Bernard Lataste (**1738**).

Charles-Marie de Quélen, d'une noble famille de Bretagne (**1754**).

Armes.

Burelé d'argent et de gueules. Pl. III. (D'Hozier.)

François-Camille Duranti-Lironcourt, nommé en 1778, fut le dernier évêque de Bethléem.

COMMUNAUTÉS RELIGIEUSES.

Chapitre de Chatelcensoir. Ce chapitre remplaça, dans le courant du XIIe siècle, un couvent de Bénédictins affilié à l'abbaye de Vezelay; il se composait d'un abbé, d'un chantre, d'un trésorier et de huit chanoines. Diocèse d'Autun.

Armes.

De sable, à quatre chevrons d'or. Pl. III. (*Armorial de la généralité d'Orléans.*)

Chapitre de Clamecy. Guy, seigneur de Clamecy, établit en 1075 huit chanoines dans l'église paroissiale de St.-Martin, du consentement d'Hugues son fils, de Guillaume, comte de Nevers, et de Geoffroy, évêque d'Auxerre. Diocèse d'Auxerre.

Armes.

De gueules, à quatre chevrons d'argent. Pl. III. (*Armorial de la généralité d'Orléans.*)

CHAPITRE DE COSNE. L'église St.-Laurent de Cosne fut fondée en 1030 par Hugues de Châlons, évêque d'Auxerre; l'un des successeurs de ce prélat, Guillaume de Seignelay, l'agrandit en 1212 et y établit un chapitre. Diocèse d'Auxerre.

Armes.

Tiercé en barre d'argent, de sinople et de sable. Pl. III. (*Armorial de la généralité d'Orléans.*)

CHAPITRE DE DONZY. La première fondation de l'église St.-Caradheuc de Donzy est due à Hervé Ier, baron de Donzy, au XIe siècle; cette église devint collégiale en 1280. Diocèse d'Auxerre.

Armes.

D'azur, au St.-Caradheuc d'or. Pl. III. (*Armorial de la généralité d'Orléans.*)

CHAPITRE DE TANNAY. Plusieurs ecclésiastiques, originaires de cette ville, qui desservaient la paroisse avec le chapelain ou curé, fondèrent et dotèrent ce chapitre en 1201; cette fondation fut approuvée par l'évêque et par le Chapitre de Nevers. La collégiale se composait de douze chanoines et d'un prévôt. Diocèse de Nevers.

Armes.

De gueules, à quatre chevrons d'or. Pl. III. (*Armorial de la généralité d'Orléans.*)

CHAPITRE DE VARZY. Ce chapitre fut fondé, en 1020, dans l'église Ste.-Eugénie, par Hugues de Châlons, évêque d'Auxerre. Il se composait de dix chanoines. Diocèse d'Auxerre.

Armes.

D'or, à cinq fasces de sinople. Pl. III. (*Armorial de la généralité d'Orléans.*)

CHAPITRE DE VEZELAY. Gérard de Roussillon et Berthe son épouse, ayant perdu leur fils unique, firent construire au pied de la montagne de Vezelay un monastère dont Ève, leur fille, fut la première abbesse. Ce couvent ne subsista pas long-temps, les Normands ravagèrent la contrée, pillèrent les églises et outragèrent les religieuses. Le comte Gérard transféra le monastère au sommet de la montagne, et au lieu des religieuses y mit des moines du même ordre, qui subsistèrent jusqu'en 1537; ils furent alors remplacés par des chanoines séculiers. Diocèse d'Autun.

Armes.

D'azur, semé de fleurs de lys d'or et de larmes d'argent, au vase du second émail brochant sur le tout (1). Pl. III. (*Armorial de la généralité de Paris.*)

ABBAYE DE ST.-MARTIN DE NEVERS. Ce monastère existait dès le VIIIe siècle. En 849, Hériman, évêque de Nevers, y établit treize chanoines qui suivirent la règle de St.-Chrodegand, jusqu'au moment où un de leurs abbés, nommé Etienne, les soumit à celle de St.-Augustin; depuis lors ils prirent le titre de chanoines réguliers. Diocèse de Nevers.

(1) Le vase qui figure dans ces armoiries, est l'emblème ordinaire de Ste.-Marie-Madelaine, patronne de cette collégiale.

Armes.

D'or, au cœur enflammé de gueules, traversé en barre par une flèche d'azur, et tenu par une main dextre de carnation parée d'azur, mouvant du flanc sénestre de l'écu. Pl. III. (*Armorial de la généralité de Moulins.*)

ABBAYE DE BELLEVAUX. En 1188, Roclène de Marmanne et sa femme, Dameronne, donnèrent ce lieu à l'ordre de Prémontré pour y fonder deux abbayes, l'une d'hommes, l'autre de femmes; ils y prirent ensemble l'habit religieux. L'abbaye d'hommes se maintint seule, c'est de cette dernière qu'il est ici question. Diocèse de Nevers.

Armes.

D'azur, à une croix pattée d'or, au chef cousu de sinople. Pl. IV. (*Armorial de la généralité de Moulins.*)

ABBAYE DE BOURRAS. Cette abbaye, de l'ordre de Cîteaux, fut fondée en 1109 par Hugues de Tilly, seigneur de Champlemy, et par Alix de Montenoison, sa femme. Diocèse d'Auxerre.

Armes.

D'azur, à une fasce, accompagnée en chef de deux fleurs de lys et en pointe d'un pal cometé, le tout d'or. Pl. IV. (*Armorial de la généralité de Bourges.*)

ABBAYE DE CERVON. C'est le plus ancien monastère du Nivernais; en 502, un saint homme nommé Eptade, choisi pour être évêque d'Auxerre, refusa la mitre, et pour se soustraire aux sollicitations dont il était l'objet, se retira dans les bois du Morvan; à Cervon, où il fonda un monastère. Diocèse d'Auxerre.

Armes.

D'azur, au rencontre de cerf, surmonté d'une croisette, le tout d'argent. Pl. IV. (Ancien Sceau.)

ABBAYE DE ST.-LAURENT. On ne sait rien de bien positif sur l'origine de cette abbaye ; quelques auteurs pensent qu'elle fut fondée par une colonie de l'abbaye de St.-Ciran, du diocèse de Bourges ; quoiqu'il en soit, Robert de Nevers, évêque d'Auxerre, la gouverna selon les règles de St.-Augustin, et en 1084 érigea le monastère en abbaye. Diocèse d'Auxerre.

Armes.

De gueules, à une crosse d'argent, accostée à dextre d'une S d'or et à senestre d'une L de même. Pl. IV. (*Armorial de la généralité de Bourges.*)

ABBAYE DE ST.-LÉONARD. C'est à ce monastère, puissant autrefois, que la ville de Corbigny doit son origine. Varey, seigneur bourguignon, fondateur de l'abbaye de Flavigny en Auxois, donna à Manassès, premier titulaire de cette abbaye, le lieu de Corbigny. Manassès obtint de Charlemagne, en 798, la permission d'y bâtir un couvent, mais il mourut sans avoir pu mettre ce projet à exécution, et ce fut son successeur saint Agile qui, en 864, jeta les fondements de l'abbaye de Corbigny ; la nouvelle église fut dédiée à saint Pierre et resta sous ce vocable jusqu'en 1230 ; à cette époque on y transporta les reliques de saint Léonard, et elle passa sous l'invocation de ce saint. Diocèse d'Autun.

Armes.

D'azur semé de fleurs de lys d'or (1). Pl. IV. (*Mémoires sur le département de la Nièvre.*)

---

(1) Le sceau de la juridiction de l'abbaye de Corbigny, en 1789, portait deux écussons accolés, surmontés d'une couronne de marquis, d'une mitre et d'une crosse tournée en dedans ; l'écusson de droite, aux armes

Abbaye de Notre-Dame de Nevers. Fondée en 624 par Théodulphe Babolène, abbé de St.-Maur-les-Fossés, cette abbaye fut d'abord occupée par des femmes, soumises à la constitution de saint Colomban ; au IX⁰ siècle, l'évêque Hériman y appela des religieuses de l'ordre de St.-Benoît. Diocèse de Nevers.

Armes.

De gueules, à sept fleurs de lys d'or, posées 4 et 3, au chef cousu d'azur, chargé de trois étoiles d'argent. Pl. IV. (Ancien Sceau.)

Abbaye de Notre-Dame de Réconfort. Cette abbaye de femmes, de l'ordre de Cîteaux, fut fondée vers l'an 1235, par Mahaut, comtesse de Nevers, qui y fut enterrée en 1258. Diocèse de Nevers.

Armes.

D'azur, à une sainte vierge d'or. Pl. IV. (*Armorial de la généralité de Paris.*)

Prieuré de Saissy-les-Bois. Il est question de ce prieuré, qui avait alors le titre d'abbaye, dans les statuts de saint Aunaire et de saint Tétrice, évêques d'Auxerre au sixième et au huitième siècle. La tradition nous apprend que des religieux de St.-Baudèle de Nîmes, craignant les incursions des Barbares, se retirèrent dans les bois de Saissy avec saint Romule leur abbé, qui y fit

---

de l'abbé, et celui de gauche *d'azur semé de fleurs de lys d'or*. On sait que les abbés accolaient ainsi leurs armes propres avec celles de leur abbaye.

Un ancien sceau de la prévôté de cette même abbaye portait une clef et deux chaînes, sans doute à cause des patrons, saint Pierre et saint Léonard, qui avaient délivré des prisonniers. (*Mémoires sur le département de la Nièvre.*)

bâtir une église au commencement du VIᵉ siècle; ce prieuré, ruiné plusieurs fois, se maintint pourtant jusqu'à la fin du XVIᵉ; au XVIIᵉ, il devint simple bénéfice. Diocèse d'Auxerre.

Armes.

D'azur, à une sainte vierge d'or. (*Armorial de la généralité de Bourges.*)

Prieuré de la Charité. Si l'on en croit une vieille chronique, un bourg connu sous le nom de Seyr ou Sir existait à la place de la ville de la Charité; au commencement du VIIIᵉ siècle, les habitants furent convertis par un diacre nommé Loup, et le seigneur du lieu, Rolland de Roussillon, y fonda une église en l'honneur de la Vierge et un couvent de religieux suivant la règle de saint Basile; depuis cette première fondation, le monastère fut détruit et reconstruit plusieurs fois; enfin, au milieu du XIᵉ siècle, Geoffroy de Champallemant, évêque d'Auxerre, donna ce lieu à saint Hugues, abbé de Cluny, qui y établit définitivement un prieuré. Diocèse d'Auxerre.

Armes.

D'azur, à trois bourses ouvertes d'or, liées et ampadonnées de même, chacune chargée d'une quintefeuille de gueules, et en chef une fleur de lys du second émail (1). Pl. IV. (*Armorial de la généralité de Bourges.*)

Prieuré de St.-Étienne de Nevers. En l'an 630, saint Colomban établit des religieuses à St.-Étienne, mais leur

---

(1) Ces armoiries font allusion au nom de la ville; les quintefeuilles qui chargent les bourses viennent sans doute des armoiries de l'un des prieurs ou de celles de quelque bienfaiteur du prieuré; la fleur de lys fut ajoutée après l'usurpation par nos rois de la garde-gardienne du couvent.

monastère fut détruit par les Vandales en 743. Hugues de Champallemant, évêque de Nevers, le réédifia en 1064 et y plaça des chanoines suivant la règle établie par le pape saint Sylvestre. Ces religieux n'y restèrent que quatre ans, après quoi l'évêque Mauguin donna cette maison à saint Hugues, abbé de Cluny. Le monastère fut de nouveau fondé et réédifié en 1083 par Guillaume Ier, comte de Nevers. Diocèse de Nevers.

Armes.

Mi-parti de gueules, à une demi-clef d'argent posée en pal, et d'azur, à une demi-fleur de lys d'or (1). Pl. IV. (*Armorial de la généralité de Moulins.*)

Prieuré de Saint-Sauveur de Nevers. Saint Jérôme, évêque de Nevers, obtint de Charlemagne, en 802, l'établissement de ce monastère de l'ordre de Cluny. Diocèse de Nevers.

Armes.

D'azur, à une croix vuidée et alaisée d'or. Pl. IV. (*Armorial de la généralité de Moulins.*)

Prieuré de Saint-Pierre-le-Moutier. Les Bénédictins de St.-Martin d'Autun y envoyèrent, au VIIIe siècle, une colonie de religieux qui construisit un couvent et fonda le prieuré. Diocèse de Nevers.

---

(1) Cette clef vient des armoiries de l'abbaye de Cluny ; les religieux de St.-Etienne y ajoutèrent la fleur de lys lorsqu'ils se soumirent au bailli royal de St.-Pierre-le-Moûtier. (*Album du Nivernais.*)

Ces armes se voient avec une écartelure (sans doute des armoiries d'un prieur) au-dessus de la porte d'une grange, à Saint-Éloi, près de Nevers.

Armes.

D'argent, au sautoir de sable, cantonné de quatre croisettes de même. Pl. IV. (*Armorial de la généralité de Moulins.*)

—

CHARTREUSE D'APPONAY. Elle fut fondée en 1185 par Thibaud, évêque de Nevers. Diocèse de Nevers.

Armes.

Coupé : au 1 parti de gueules, à trois tours et une fleur de lys en abîme, le tout d'or, et d'azur semé de fleurs de lys d'or, à la hure de sanglier de même brochant sur le tout; au 2 d'azur semé de fleurs de lys d'or, au sanglier au naturel, chargé d'un St.-Cyr de même nimbé d'or, brochant sur le tout (1). Pl. IV. (Ancien Sceau.)

CHARTREUSE DE NOTRE-DAME DE BELLARY. Ce couvent fut fondé en 1209, par Hervé de Donzy, comte de Nevers, pour expier la faute qu'il avait commise en épousant Mahaud de Courtenay, sa parente à un degré prohibé. Diocèse d'Auxerre.

Armes.

D'azur, à un chartreux agenouillé d'argent, surmonté d'une vierge d'or, dans une niche de même. Pl. IV. (*Armorial de la généralité de Bourges.*)

CHARTREUSE DE BASSEVILLE. Jean le Grand, chanoine de Furne, curé de la paroisse de Surgy et seigneur de la

---

(1) Ces armes sont formées de celles du chapitre et de celles du doyenné de Nevers; peut-être les trois tours étaient-elles les armoiries de l'évêque Thibaud ? La famille *Thibaut* de Guerchy, ancienne en Nivernais, portait en effet *de gueules, à trois tours d'or.*

terre de Basseville, fit amortir son fief par Louis Ier de Flandres, comte de Nevers, en 1320, et huit ans après le donna aux Chartreux qui y fondèrent un prieuré. Diocèse d'Auxerre.

Armes.

D'azur semé de fleurs de lys d'or, au St.-Jean-Baptiste de même brochant sur le tout. Pl. IV. (*Armorial de la génér. de Dijon.*)

Communauté des Augustines de Cosne. Cette maison, dont les religieuses suivaient la réforme de Bourges, fut établie dans les premières années du XVIIe siècle, avec l'approbation de François Donadieu, évêque d'Auxerre. Diocèse d'Auxerre.

Armes.

Tiercé en barre d'argent, de sinople et de gueules. Pl. IV. (*Armorial de la généralité d'Orléans.*)

Communauté des Bénédictines de l'Immaculée conception de Notre-Dame de Cosne. Cette maison fut fondée vers l'an 1647, par une religieuse du Val-de-Grâce, sous les auspices de Pierre de Broc, évêque d'Auxerre. Diocèse d'Auxerre.

Armes.

D'azur, à une sainte Vierge soutenue d'un croissant, le tout d'argent. Pl. IV. (*Armorial de la généralité d'Orléans.*)

Congrégation de Notre-Dame de Donzy.

Armes.

D'azur, à une sainte Vierge soutenue d'un croissant, le tout d'argent. Pl. IV. (*Armorial de la généralité de Bourges.*)

Communauté des Ursulines de Corbigny. Cette maison

fut fondée en 1629, par les Urselines d'Auxerre. Diocèse d'Auxerre.

Armes.

D'azur, au monogramme du Christ, surmonté d'une croix, et en pointe 3 clous de passion appointés, le tout d'or. Pl. IV. (*Armorial de la généralité de Paris.*)

COMMUNAUTÉ DES BÉNÉDICTINES RÉFORMÉES DE NOTRE-DAME DU MONT-DE-PIÉTÉ DE LA CHARITÉ. Elle fut établie, avec la permission de l'évêque d'Auxerre, en l'an 1624. Diocèse d'Auxerre.

Armes.

D'azur, au saint Benoît d'or, accosté à dextre d'une M d'argent et à sénestre d'un D de même. Pl. IV. (*Armorial de la généralité de Bourges.*)

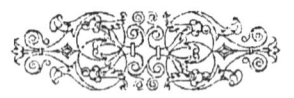

TIERS-ÉTAT.

VILLES ET CORPORATIONS.

VILLE DE NEVERS. On ne fait remonter ordinairement l'établissement de la commune de Nevers qu'au 27 juillet 1231, époque à laquelle le comte Guy de Forez lui octroya une charte; mais il est à peu près certain que cet affranchissement est dû à Pierre de Courtenay, en 1194; Ducange, au mot *communantia*, le dit expressément et cite la charte. Ce qui tendrait encore à prouver que l'établissement de la commune de Nevers est antérieur à 1231 et qu'il doit être attribué au comte Pierre de Courtenay, c'est que les armes de la ville ne tiennent rien de celles du comte Guy, tandis qu'elles paraissent empruntées du premier; le semé de billettes d'or, comme fils de France, et le lion, comme comte de Nevers (1).

---

(1) Lors de leur affranchissement, les villes prirent souvent pour armoiries celles de leurs seigneurs; toutefois, nous aurons occasion de voir par les armes des autres villes du Nivernais que cet usage ne fut pas général.

Pierre de France, septième fils de Louis-le-Gros, et père de Pierre de Courtenay, comte de Nevers, portait avant son mariage avec Elisabeth de Courtenay, *d'azur semé de billettes d'or*, comme puiné de la maison

Nous n'avons pu retrouver les armoiries de ces différentes corporations ; voici, d'après l'inventaire des archives de Nevers, le rang dans lequel tous les corps de la ville opinèrent lors de la délibération générale du 22 août 1717.

Les officiers municipaux.
Les officiers de bourgeoisie.
Les curés de la ville.
Les officiers du baillage.
Ceux de l'élection.
Les avocats.
Les juges et consuls.
La maréchaussée.
Les notaires royaux.
Les procureurs.
Les apothicaires.
Les orfèvres.
Les drapiers.
Les tanneurs.
Les corroyeurs.
Les quincailliers.
Les épiciers.
Les huissiers.
Les chirurgiens.
Les traiteurs et cabaretiers.
Les bouchers.
Les tailleurs d'habits.
Les boulangers.
Les tailleurs de pierre.
Les charpentiers.
Les menuisiers.
Les cordonniers.
Les maîtres de forge et marchands de fer.

Ville de la Charité. On ne sait pas au juste de quelle époque date l'affranchissement de la commune de La Charité, sans doute il est antérieur à 1213, car alors ni le prieur, ni le comte n'avaient le droit d'introduire des hommes armés dans la ville, dont la garde appartenait uniquement aux bourgeois.

Armes.

D'azur, à trois tours d'argent ajourées et maçonnées de sable, rangées en fasce, surmontées de trois fleurs de lys d'or également en fasce, les tours posées sur une terrasse échiquetée d'or et de gueules (1). Pl. V. (*Armorial manuscrit des villes de France.*)

Officiers de l'élection de la Charité. La ville de la Charité avait été mise au nombre de celles pour qui le roi Louis XIII avait jugé convenable de créer des élections particulières, par son édit de 1634 ou 1636; mais l'établissement de cette élection n'eut lieu que sous Louis XIV, en 1696.

Armes.

De gueules, à une main de justice d'or, posée en pal. Pl. V. (*Armorial de la généralité de Bourges.*)

Officiers du grenier a sel de la Charité. Dès l'origine de l'établissement des greniers à sel, il y en eut un à la Charité; ces officiers connaissaient en première instance de toutes les contraventions relatives aux gabelles.

Armes.

De sable, à un boisseau d'argent. Pl. V. (*Armorial de la généralité de Bourges.*)

Corporations des notaires et procureurs de l'élection de la Charité. Nous n'avons rien retrouvé sur l'origine ni sur les statuts des corporations de la Charité.

Armes.

De sable, à trois mains dextres de carnation, écrivant avec des plumes d'argent. Pl. V. (*Armorial de la généralité de Bourges.*)

Corporation des maîtres chirurgiens et apothicaires de la ville de la Charité.

(1) Les fleurs de lys furent sans doute ajoutées lorsque la ville et le ressort de la Charité furent placées sous la dépendance immédiate du roi.

Armes.

D'azur, à un saint Côme d'or, tenant de sa main dextre une spatule d'argent. Pl. V. (*Armorial de la généralité de Bourges.*)

Corporation des orfèvres, horlogeurs, émailleurs et vitriers de la ville de la Charité.

Armes.

De vair, à la fasce de sinople, chargée de rinceaux d'or. Pl. V. (*Armorial de la généralité de Bourges.*)

Corporation des cabaretiers de la ville de la Charité.

Armes.

D'argent, à trois barils de gueules, cerclés d'or. Pl. V. (*Armorial de la généralité de Bourges.*)

Corporation des bouchers et charcutiers de la ville de la Charité.

Armes.

De gueules, au fusil de boucher d'argent, posé en pal. Pl. V. (*Armorial de la généralité de Bourges.*)

Corporation des boulangers de la ville de la Charité.

Armes.

D'argent, à la pelle de boulanger de sable, posée en pal, chargée de trois pains d'or. Pl. V. (*Armorial de la généralité de Bourges.*)

Corporation des charpentiers, menuisiers, maçons, couvreurs et charrons de la ville de la Charité.

Armes.

D'azur, au saint Joseph d'or. Pl. V. (*Armorial de la généralité de Bourges.*)

Corporation des maréchaux, couteliers, chaudronniers, armuriers, taillandiers et serruriers de la ville de la Charité.

Armes.

D'azur, au saint Éloi d'or, tenant de sa main dextre un marteau de même. Pl. V. (*Armorial de la généralité de Bourges.*)

Corporation des selliers, bourreliers, chapeliers et cordiers de la ville de la Charité.

Armes.

D'argent, au chapeau de sable, surmonté à dextre d'un marteau de gueules et à senestre d'un paquet de cordes de même. Pl. V. (*Armorial de la généralité de Bourges.*)

Commune de Chatelcensoir. Nous ne savons de quelle époque date l'affranchissement de cette commune.

Armes.

D'azur, au château d'or, posé sur une terrasse d'argent. Pl. V. (*Armorial de la généralité de Bourges.*)

Ville de Clamecy. Ce fut le comte Hervé qui affranchit les habitants de Clamecy, par une charte de 1213.

Armes.

D'azur, semé de billettes d'or, au lion de même, armé et lampassé de gueules, brochant sur le tout (1). Pl. V. (*Mémoires sur le Nivernais*, par Née de la Rochelle.)

(1) Ces armes, les mêmes que celles des villes de Nevers et d'Auxerre, sont celles des comtes de Nevers de la première race, premiers seigneurs de ces villes. En 1301, le sceau de la prévosté de Clamecy portait un lion. (*Manuscrits de Marolles.*)

CORPORATION DES PROCUREURS ET NOTAIRES DE LA VILLE DE CLAMECY.

Armes.

D'azur, à un juge d'or, tenant de sa main dextre une fleur de lys de même. Pl. V. (*Armorial de la généralité d'Orléans.*)

CORPORATION DES MÉDECINS, APOTHICAIRES ET CHIRURGIENS DE LA VILLE DE CLAMECY.

Armes.

D'argent, à trois chevrons de sinople. Pl. V. (*Armorial de la généralité d'Orléans.*)

CORPORATION DES MARCHANDS DE BOIS DE LA VILLE DE CLAMECY.

Armes.

De sinople, à quatre chevrons d'or. Pl. VI. (*Armorial de la généralité d'Orléans.*)

CORPORATION DES BOUCHERS DE LA VILLE DE CLAMECY.

Armes.

D'or, à cinq fasces d'azur. Pl. VI. (*Armorial de la généralité d'Orléans.*)

CORPORATION DES BOULANGERS ET PATISSIERS DE LA VILLE DE CLAMECY.

Armes.

D'azur, à quatre chevrons d'argent. Pl. VI. (*Armorial de la généralité d'Orléans.*)

CORPORATION DES MARCHANDS DRAPIERS DE LA VILLE DE CLAMECY.

Armes.

D'argent, à trois chevrons de gueules. Pl. VI. (*Armorial de la généralité d'Orléans.*)

CORPORATION DES GANTIERS, PELLETIERS ET MÉGISSIERS DE LA VILLE DE CLAMECY.

Armes.

D'or, à quatre chevrons de sable. Pl. VI. (*Armorial de la généralité d'Orléans.*)

CORPORATION DES MARÉCHAUX, TAILLANDIERS, ARMURIERS, SERRURIERS, COUTELIERS ET SELLIERS DE LA VILLE DE CLAMECY.

Armes.

D'argent, à trois chevrons d'azur. Pl. VI. (*Armorial de la généralité d'Orléans.*)

CORPORATION DES TANNEURS, CORROYEURS ET CORDONNIERS DE LA VILLE DE CLAMECY. En 1575, les cordonniers de Clamecy s'établirent en maîtrise et firent approuver leurs statuts par la duchesse Henriette de Clèves (*Album du Nivernais.*)

Armes.

De sable, à quatre chevrons d'argent. Pl. VI. (*Armorial de la généralité d'Orléans.*)

CORPORATION DES TAILLEURS ET CHAPELIERS DE LA VILLE DE CLAMECY.

Armes.

D'azur, à quatre chevrons d'or. Pl. VI. (*Armorial de la généralité d'Orléans.*)

VILLE DE CORBIGNY. Les habitants de cette ville furent affranchis par une charte de 1228.

Armes.

D'azur, à trois corbeilles d'or. Pl. VI. (*Armorial manuscrit des villes de France.*)

—

VILLE DE COSNE. Nous n'avons pu retrouver la charte d'affranchissement de cette ville.

Armes.

D'azur, à 3 canettes d'argent, becquées et membrées d'or. Pl. VI. (*Armorial manuscrit des villes de France.*)

OFFICIERS DU GRENIER A SEL DE COSNE.

Armes.

Tiercé en barre d'argent, de gueules et d'or. Pl. VI. (*Armorial manuscrit de la généralité d'Orléans.*)

—

VILLE DE DECIZE. Cette ville dut sa charte d'affranchissement à la comtesse Mahaud (*Notice sur Decize*, par M. Girerd.)

Armes.

D'or, au lion de sable armé et lampassé de gueules, à la bordure componée d'argent et de gueules (1). Pl. VI. (*Armorial manuscrit des villes de France.*)

—

(1) Ces armoiries ont été sans doute formées de celles du comte Philippe de Bourgogne, qui portait *écartelé: aux* 1 *et* 4 *d'azur semé de fleurs de lys*

VILLE DE DONZY. Autrefois capitale du Donziois, contrée particulière du Nivernais et baronie fort importante. Les armes de Donzy, empruntées comme celles de Nevers aux armoiries du comte Pierre de Courtenay, sembleraient fixer l'époque de l'affranchissement de la ville aux dernières années du XII⁰ siècle.

Armes.

D'azur, à onze billettes d'or, posées 4, 4, 3. Pl. VI. (*Armorial de la généralité de Moulins.*)

—

VILLE DE LORMES. Nous ne savons à quelle époque furent affranchis les habitants de cette ville.

Armes.

D'or, à l'orme arraché de sinople. Pl. VI. (*Armorial manuscrit des villes de France.*)

—

VILLE DE MOULINS-ENGILBERT.

Armes.

De gueules, à une croix ancrée d'or (1). Pl. VI. (Segoing, *Mercure armorial.*)

d'or, *à la bordure componée d'argent et de gueules*, qui est de Bourgogne moderne, *et aux 2 et 3 d'or, au lion de sable, armé et lampassé de gueules*, qui est de Flandres; elles dateraient donc des premières années du XV⁰ siècle.

(1) Cette croix se retrouve en plusieurs endroits de l'église de Moulins-Engilbert, entr'autres aux clefs de voûte de la chapelle souterraine. L'écusson qui surmonte la petite porte occidentale de cette même église, porte les armoiries de Philippe, dit de Moulins, évêque et comte-pair de Noyon, en 1388; ce prélat né à Moulins-Engilbert, avait pris les armoiries

Ville de Saint-Pierre-le-Moutier.

Armes.

De gueules, à une église d'argent et une clef double de même en pointe, au chef cousu d'azur, chargé de trois fleurs de lys d'or (1). Pl. VI. (*Ancien sceau de la ville.*)

Prévôté de Saint-Verain.

Armes.

De....... à une porte de ville, surmontée d'une tour. Pl. VI. (*Manuscrits de l'abbé de Marolles.*)

Officiers de l'hotel-de-ville de Varzy.

de la ville, écartelées d'azur semé de fleurs de lys d'or, à deux crosses de même adossées en pal, brochant sur le tout, qui est de l'évêché de Noyon. (*Histoire des grands officiers de la Couronne.*)

M. Jaubert, dans ses *Souvenirs du bon vieux temps dans le Nivernais*, a attribué à la ville de Moulins-Engilbert des armoiries peintes sur une vitre du XVIᵉ siècle, qui figure dans son curieux cabinet, ces armes sont celles de la famille de *Grantris*. (Voir l'article de cette famille.)

(1) Au XVᵉ siècle, les armoiries de cette ville étaient une église sur un champ semé de fleurs de lys, comme on peut le voir sur une des cloches de l'église actuelle, qui vient du beffroi de la ville. Cette cloche porte l'inscription suivante : « EN LAN MCCCCLXIX ME FIRENT FAIRE LES BOURGOYS » ET HABITANTS DE SAINT PIERRE LE MOUSTIER. » On y retrouve aussi le sceau de la prévôté de Saint-Pierre: un écusson fleurdelysé, accosté de deux églises et entouré de la légende *Sig. præpositure sancti Petri monasterii*. L'abbé de Marolles, dans son *Inventaire des titres de Nevers*, donne cette description d'un sceau de la même prévôté, appendu à une charte de 1283 :
« D'un costé est représenté un escusson chargé de six fleurs de lys, 3, 2, 1
» et deux tours quarrées avec leurs pointes et portail, au-dessous, aux
» deux costés dudit écusson, et de l'autre costé est représentée une tour
» ronde crénelée avec son chapiteau au-dessus sommé d'une fleur de lys. »

Armes.

D'or, à cinq fasces de gueules. Pl. VI. (*Armorial de la généralité d'Orléans.*)

Ville de Vezelay. Sous Louis le Débonnaire, Gérard de Roussillon, fondateur de l'abbaye de Vezelay, affranchit l'église et les hommes, tant libres que serfs, de toute juridiction. Malgré cette charte, les héritiers des droits du comte Gérard, dans l'Auxerrois et le Nivernais, essayèrent à plusieurs reprises de faire rentrer le bourg de Vezelay sous leur autorité seigneuriale; mais, secondés par le comte de Nevers, les habitants renoncèrent à leur foi envers l'abbé, jurèrent tous de se défendre l'un l'autre, de n'avoir qu'une seule volonté et formèrent une commune.

Armes.

D'azur, à trois fleurs de lys d'or, au chef cousu du champ semé de pommes de pin d'or et chargé d'un château d'argent, brochant sur le tout. Pl. VI. (*Ancien sceau de la ville.*)

Officiers de l'élection de Vezelay. Cette élection faisait partie de la généralité de Paris.

Armes.

D'azur, à trois fleurs de lys d'or. Pl. VI. (*Armorial de la généralité de Paris.*)

NOBLESSE.

COMTÉ.

Les historiens ne sont pas d'accord sur le temps auquel notre province eut des seigneurs particuliers; il n'entre pas dans le plan de cet ouvrage de discuter leurs diverses opinions. Nous nous contenterons de donner la liste chronologique de nos comtes et ducs héréditaires, la description de leurs armoiries et de celles de leurs femmes, indiquant sommairement par suite de quels événements le comté se transmit dans les différentes maisons qui nous ont donné des seigneurs.

Armes.

D'azur, semé de billettes d'or, au lion de même, armé et lampassé de gueules, brochant sur le tout (1). Pl. VII. (Coquille, *Histoire du Nivernais.*)

---

(1) Selon Coquille et les autres historiens du Nivernais, le comté de Nevers retint les armes de ses premiers comtes héréditaires; nous avons dit plus haut, à l'article de la ville de Nevers, ce que nous pensions de ces armoiries, formées peut-être de celles des comtes de la race de Landry et de celles de Courtenay.

COMTES ET DUCS HÉRÉDITAIRES.

Landry, seigneur de Maers et de Monceaux, en Nivernais, prend le titre de comte de Nevers dans une charte de l'an 992, par laquelle Gautier, évêque d'Autun, accorde à Heldric, abbé de Flavigny, les dîmes des chapelles qui dépendaient de son monastère; il était devenu comte de Nevers, soit par concession de Henri le Grand, duc de Bourgogne, soit par cession d'Otte-Guillaume, fils adoptif du duc Henry, dont lui-même avait épousé la fille (1). Plus tard, d'après le traité qui eut lieu, en 1015, entre le roi Robert et Otte-Guillaume, Landry devint comte d'Auxerre (992-1028).

Renaud Ier, comte de Nevers et d'Auxerre, prenait déjà ce titre du vivant de son père (1028-1040).

Femme, *Adèle* ou *Adélaïde de France*, fille du roi Robert le Pieux.

Guillaume Ier, comte de Nevers et d'Auxerre, devint comte de Tonnerre par son mariage; en 1063, il céda le comté à son Fils (1040-1063).

Femme, *Hermengarde de Tonnerre*, fille de Renaud, comte de Tonnerre et de Bar-sur-Seine.

Renaud II, comte de Nevers et d'Auxerre (1063-1089).

1re femme, *Ide-Raymonde de Forez*, fille d'Artaud, comte de Forez.

2e femme, *Agnès de Beaugency*, fille de Lancelin, sire de Beaugency.

Guillaume II, comte de Nevers, d'Auxerre et de Tonnerre (1089-1147).

---

(1) Le P. Anselme, *Histoire des grands officiers de la Couronne.*

Femme, *Adélaïde*.

Guillaume III, comte de Nevers et d'Auxerre (1147-1161).

Armes.

D'azur, semé de billettes d'or, au lion de même, armé et lampassé de gueules brochant sur le tout (1). Pl. VII. (*Histoire des grands officiers de la Couronne.*)

Femme, *Ide de Carinthie*, fille d'Engilbert III, duc de Carinthie, marquis de Frioul et d'Istrie.

Guillaume IV, comte de Nevers et d'Auxerre (1161-1168).

Armes.

Comme le précédent.

Femme, *Éléonor de Vermandois*, comtesse de Saint-Quentin, dame de Valois, fille de Raoul Ier, comte de Vermandois (2).

Guy Ier, comte de Nevers et d'Auxerre, par succession de son frère (1168-1176).

Armes.

Comme le précédent.

Femme, *Mahaud de Bourgogne*, comtesse de Grignon, fille de Raymond de Bourgogne (3).

Guillaume V, comte de Nevers et d'Auxerre, mourut sans alliance, laissant le comté à sa sœur Agnès (1176-1181).

---

(1) Voir pour ces armoiries ce que nous avons dit à l'article de Nevers.

(2) Armes : *Échiqueté d'or et d'azur.* (Ste.-Marthe, *Histoire de la maison de France.*)

(3) Armes : *Bandé d'azur et d'or, à la bordure de gueules.* (*Histoire des grands officiers de la Couronne.*)

Armes.

Comme son père.

AGNÈS, comtesse de Nevers, d'Auxerre et de Tonnerre, succéda à son frère Guillaume V, en 1181; jusqu'en 1181, elle resta sous la tutelle du roi Philippe-Auguste.

Armes.

Comme son père.

PIERRE DE COURTENAY (1), comte de Nevers, d'Auxerre et de Tonnerre, par son mariage avec *Agnès de Nevers*.

Armes.

D'or, à trois tourteaux de gueules. Pl. VII. (*Histoire des grands officiers de la Couronne.*)

MAHAUD DE COURTENAY, comtesse de Nevers, d'Auxerre et de Tonnerre, sous la tutelle de son père (1192-1199).

Armes.

Comme son père.

HERVÉ IV, BARON DE DONZY (2), comte de Nevers,

---

(1) Il était fils de Pierre de France, septième et dernier fils de Louis le Gros, et d'Élisabeth, dame de Courtenay, de Montargis, de Châteaurenard, de Champignelles et de Tanlay, fille aînée de Renaud, seigneur de Courtenay; Pierre quitta les armes de son père, qui étaient d'*azur, semé de billettes d'or*, pour prendre celles des seigneurs de Courtenay. (Laroque, *Traité singulier du blason.*)

(2) La baronie de Donzy appartenait anciennement aux comtes de Semur; Geoffroy II, fils de Geoffroy, comte de Semur, et de Marie de Châlon, eut en partage cette baronie, dont sa postérité prit le nom, la seigneurie de Châtelcensoir et celle de St.-Agnan en Berry, que Eudes II, comte de Champagne lui donna en 1030; les descendants de Geoffroy devinrent comtes de Châlon et de Gien, seigneurs de Cosne, d'Ouchy et de Neuilly. Hervé IV, époux de Mahaud, était le douzième baron de Donzy.

d'Auxerre et de Tonnerre, par son mariage avec *Mahaud de Courtenay* (1199-1223).

Armes.

D'azur, à trois pommes de pin d'or (1). Pl. VII. (Coquille, *Histoire du Nivernais.*)

Guy IV, comte de Forez, comte de Nevers, d'Auxerre et de Tonnerre, par son mariage avec *Mahaud* (1226-1241).

Armes.

De gueules, au dauphin pâmé d'or, lorré et peautré d'azur. Pl. VII. (*Histoire des grands officiers de la Couronne.*)

Gautier de Chatillon, comte de Nevers, fils de Guy de Châtillon, comte de St.-Paul, et d'Agnès de Donzy, fille unique et héritière de Mahaud de Courtenay et d'Hervé de Donzy (1241-1250).

Armes.

De gueules, à trois pals de vair, au chef d'or. Pl. VII. (*Histoire des grands officiers de la Couronne.*)

---

(1) Coquille décrit ainsi le sceau du comte Hervé : « Le seel dudit » Herué a la figure d'vn homme à cheual ayant l'espée nuë en main, auec » l'escu aux armes de Neuers, et au contre-seel, qui s'appelle *secretum*, » sont les armes de Donzy, qui semblent estre de trois pommes de pin. » Selon quelques auteurs, tous les comtes de Nevers adoptèrent les armoiries du comté, le lion et les billettes ; le passage de Coquille que nous venons de citer semblerait corroborer leur opinion, que nous ne partageons pas, car les sceaux des autres comtes ne portent jamais que leurs armes particulières.

Il existe aux archives du royaume un sceau d'Hervé de Donzy, appendu à une charte de l'an 1209, qui porte un écusson chargé de 3 objets fort peu distincts, de pommes de pin sans doute, et de deux fleurs de lys ; ces fleurs de lys, que l'on ne retrouve nulle part ailleurs aux armes de ce comte, ont sans doute été prises à cause de la parenté de Mahaud avec la maison de France.

ARCHAMBAUD IX, SIRE DE BOURBON, comte de Nevers, par son mariage avec *Yolande*, sœur et héritière de Gautier de Châtillon (1250).

Armes.

D'or, au lion de gueules, à l'orle de huit coquilles d'azur. Pl. VII. (*Histoire des grands officiers de la Couronne.*)

HUGUES OU EUDES DE BOURGOGNE (1), comte de Nevers et baron de Donzy, par son mariage avec *Mahaud de Bourbon*, fille aînée d'Archambaud et d'Yolande de Châtillon (1250-1262).

Armes.

Bandé d'azur et d'or de six pièces, à la bordure engrelée de gueules (2). Pl. VII. (*Histoire des grands officiers de la Cour.*)

YOLANDE DE BOURGOGNE, comtesse de Nevers et baronne de Donzy, sous la tutelle de son père (1262-1265).

Armes.

Comme son père.

JEAN DE FRANCE, dit *Tristan*, quatrième fils de Saint Louis, comte de Nevers et baron de Donzy, par son mariage avec *Yolande de Bourgogne* (1265-1270).

---

(1) Il était fils aîné de Hugues IV, duc de Bourgogne.
(2) Avant Saint Louis, le roi et son fils aîné portaient seuls les fleurs de lys sur leur écusson, les puînés ne retenaient que les couleurs de l'écu royal; ainsi les seigneurs de Vermandois, de Dreux, de Courtenay et de Bourgogne, issus de la maison de France, portaient tous dans leurs armoiries l'or et l'azur, mais disposés d'une manière différente; les ducs de Bourgogne avaient ajouté au bandé d'or et d'azur une bordure de gueules, que le comte de Nevers portait engrelée comme brisure. (Laroque, *Traité de la Noblesse.* — Du Tillet, *Recueil des rois de France.* — Coquille, *Histoire du Nivernois.*)

Armes.

D'azur semé de fleurs de lys d'or, à la bordure de gueules (1). Pl. VII. (*Histoire des grands officiers de la Couronne.*)

Robert III, comte de Flandre, comte de Nevers et baron de Donzy, par son mariage avec *Yolande de Bourgogne* (1271-1280).

Armes.

D'or, au lion de sable, armé et lampassé de gueules. Pl. VII. (*Histoire des grands officiers de la Couronne.*)

Louis Ier de Flandre, comte de Nevers et baron de Donzy, d'abord sous la tutelle de son père (1280-1322).

Armes.

Comme son père.

Femme, *Jeanne de Rethel*, fille et unique héritière de Hugues IV, comte de Rethel (2).

Louis II de Flandre, dit *de Crécy*, comte de Flandre, de Nevers et de Rethel, baron de Donzy (1322-1346).

Armes.

Comme son père.

Femme, *Marguerite de France*, fille de Philippe-le-Long (3).

Louis III de Flandre, dit *de Male*, comte de Flandre,

---

(1) Depuis Saint Louis, les puînés de France portèrent pour armoiries les fleurs de lys, avec différentes brisures. (Laroque.)

(2) Armes: *De gueules, à trois râteaux démanchés d'or.* (*Histoire des grands officiers de la Couronne.*)

(3) Armes: *D'azur, semé de fleurs de lys d'or.* (*Histoire des grands officiers de la Couronne.*)

de Nevers et de Rethel, baron de Donzy, pair de France. Le roi Philippe de Valois érigea en sa faveur les comtés de Nevers et de Rethel, avec la baronie de Donzy, en pairie, par lettres données à Moncel-les-Ponts, le 27 août 1347.

Armes.

Comme son père.

Femme, *Marguerite de Brabant*, fille de Jean III, duc de Brabant (1).

Philippe de France, dit *le Hardi*, 4º fils du roi Jean, duc de Bourgogne, comte de Flandres, de Brabant, d'Artois, de Nevers et de Rethel, baron de Donzy, pair de France, par son mariage avec *Marguerite de Flandre*, fille et unique héritière de Louis de Male (1369-1392).

Armes.

Écartelé : aux 1 et 4 d'azur semé de fleurs de lys d'or, à la bordure componée d'argent et de gueules, qui est de *Bourgogne-moderne;* aux 2 et 3 bandé d'azur et d'or, à la bordure de gueules, qui est de *Bourgogne-ancien.* Pl. VII. (*Histoire des grands officiers de la Couronne.*)

Jean de Bourgogne (2), fils aîné de Philippe-le-Hardi, comte de Nevers, baron de Donzy (1392-1401).

Armes.

Comme son père.

---

(1) Armes : *De sable, au lion d'or, armé et lampassé de gueules.* (*Histoire des grands officiers de la Couronne.*)

(2) Quoique ce prince, connu sous le nom de *Jean-sans-Peur*, eût obtenu le titre de comte de Nevers, que même, il eût fait sa joyeuse entrée dans cette ville, le 26 mars 1400, il ne jouit jamais en réalité du comté, Philippe-le-Hardi et Marguerite de Flandre l'ayant attribué, en 1401, à Philippe leur troisième fils.

Philippe de Bourgogne, 3ᵉ fils de Philippe-le-Hardi, comte de Nevers et de Rethel, baron de Donzy, par le partage que Philippe-le-Hardi et Marguerite de Flandre firent de leurs biens entre leurs enfants, à Arras, le 17 novembre 1401 (1401-1415).

Armes.

Écartelé : aux 1 et 4 d'azur, semé de fleurs de lys d'or, à la bordure componée d'argent et de gueules, qui est de *Bourgogne-moderne;* aux 2 et 3 d'or, au lion de sable, armé et lampassé de gueules, qui est de *Flandre.* Pl. VII. (*Histoire des grands officiers de la Couronne.*)

1ʳᵉ Femme, *Isabelle de Coucy*, comtesse de Soissons en partie, fille d'Enguerrand VII, sire de Coucy, comte de Soissons (1).

2ᵉ Femme, *Bonne d'Artois*, fille aînée de Philippe d'Artois, comte d'Eu. Elle eut l'administration du comté de Nevers pendant la minorité de ses enfants, jusqu'à son mariage avec Philippe-le-Bon, duc de Bourgogne (2) (1415-1424).

Philippe III, duc de Bourgogne, dit *le Bon*, comte de Nevers, comme tuteur des enfants du comte Philippe (1424-1435).

Armes.

Écartelé : aux 1 et 4 d'azur semé de fleurs de lys d'or, à la bordure componée d'argent et de gueules, qui est de *Bourgogne-moderne;* aux 2 et 3 bandé d'azur et d'or, à la bordure de gueules, qui est de *Bourgogne-ancien,* parti d'argent, au lion

---

(1) Armes : *Fascé de vair et de gueules.* (*Histoire des grands officiers de la Couronne.*)

(2) Armes : *D'azur semé de fleurs de lys d'or, au lambel de trois pendants de gueules brochant sur le tout, chaque pendant chargé de trois châteaux d'or.* (*Histoire des grands officiers de la Couronne.*)

de gueules, la queue nouée, fourchée et passée en sautoir, qui est de *Luxembourg*, sur le tout d'or, au lion de sable, armé et lampassé de gueules, qui est de *Flandre*. (*Histoire des grands officiers de la Couronne.*)

CHARLES DE BOURGOGNE, comte de Nevers et de Rethel, baron de Donzy, pair de France, par lettres du roi Charles VII, érigeant de nouveau Nevers en comté-pairie, données à Champigny, au mois de juillet 1459, régistrées au parlement le 12 novembre suivant. Il succéda à son père, lors de sa majorité, et mourut sans enfants (1435-1464).

Armes.

Écartelé : au 1 d'azur semé de fleurs de lys d'or, à la bordure componée d'argent et de gueules, qui est de *Bourgogne-moderne*; au 2 de gueules, à trois râteaux d'or, qui est de *Rethel*; au 3 d'azur semé de fleurs de lys d'or, au lambel de 3 pendants de gueules, brochant sur le tout, chaque pendant chargé de 3 châteaux d'or, qui est d'*Artois*; au 4 de sable, au lion d'or, armé et lampassé de gueules, qui est de *Brabant*. Pl. VII. (*Histoire des grands officiers de la Couronne.*)

Femme, *Marie d'Albret*, fille aînée de Charles II, sire d'Albret (1).

JEAN DE BOURGOGNE, dit de *Clamecy*, comte de Nevers et de Rethel, baron de Donzy, pair de France, par succession de son frère, mort sans enfants (1464-1491).

---

(1) Armes : *Écartelé : aux 1 et 4 d'azur, à trois fleurs de lys d'or ; aux 2 et 3 de gueules plein.* (Histoire des grands officiers de la Couronne.)
La maison d'Albret, fort ancienne en Gascogne, portait autrefois *de gueules plein*; Arnaud Amanjeu, sire d'Albret, épousa en 1368 Marguerite de Bourbon, fille de Pierre Ier, duc de Bourbon ; en faveur de cette alliance, Charles VI lui permit d'écarteler ses armes de celles de France. (Palliot, *Science des Armoiries.*)

Armes.

Comme son père.

1ʳᵉ Femme, *Jacqueline d'Ailly*, fille de Raoul d'Ailly, sire de Péquigny, vidame d'Amiens (1).

2ᵉ Femme, *Paule de Brosse*, dite *de Bretagne*, fille de Jean de Brosse, comte de Penthièvre (2).

3ᵉ Femme, *Françoise d'Albret*, fille d'Arnaud Amanjeu d'Albret, sire d'Orval (3).

Jean d'Albret-Orval, comte de Nevers et de Rethel, gendre de Jean de Bourgogne, disputa le titre et les droits de comte de Nevers à Engilbert de Clèves, petit-fils du même Jean de Bourgogne. Les débats durèrent jusqu'en 1504 (4) (1491-1504).

(1) Armes : *De gueules, à deux rameaux d'alizier d'argent, passés l'un dans l'autre, au chef échiqueté d'argent et d'azur de trois traits.* (Histoire des grands officiers de la Couronne.)

(2) Armes : *Écartelé : aux 1 et 4 d'hermine*, qui est de Bretagne ; *aux 2 et 3 d'azur, à trois gerbes ou brosses d'or, liées de gueules*, qui est de Brosse. (Histoire des grands officiers de la Couronne.)

(3) Armes : *Écartelé : aux 1 et 4 d'azur, à trois fleurs de lys d'or, et aux 2 et 3 de gueules, à la bordure engrelée d'argent*, qui est d'Albret-Orval. (Histoire des grands officiers de la Couronne.)

(4) Nous possédons de Jean d'Albret-Orval un jeton sur lequel ce seigneur prend le titre de comte de Nevers, voici le dessin et la description de cette pièce, intéressante pour notre histoire provinciale.

IEHAN.DALEBRET.CONTE.DE:NEVERS entre filets, le commencement de la légende est indiqué par une petite couronne, trois petites roses séparent les trois premiers mots ; dans le champ, les armes d'Albret-Orval.

Armes.

Écartelé : aux 1 et 4 d'azur, à trois fleurs de lys d'or ; aux 2 et 3 de gueules, à la bordure engrelée d'argent, qui est d'*Albret-Orval* (1). Pl. VII. (*Histoire des grands officiers de la Couronne.*)

Femme, *Charlotte de Bourgogne*, seconde fille de Jean de Bourgogne, comte de Nevers (2).

ENGILBERT DE CLÈVES (3), comte de Nevers, d'Auxerre, de Rethel et d'Estampes, pair de France, par héritage de sa mère Élisabeth de Bourgogne, fille du comte Jean. Il prit le titre de comte de Nevers en même temps que Jean d'Albret, son compétiteur à la riche succession de son grand-père. Engilbert obtint du roi Louis XII, au mois de mai 1505, de nouvelles lettres d'érection du comté de Nevers en pairie, qui furent enregistrées le 18 août suivant (1491-1506).

Armes.

De gueules, au ray d'escarboucle, pommeté et fleurdelysé d'or de huit pièces, enté en cœur d'argent, à l'escarboucle de

---

ɴ✝ET.DERETEL.SEIGNEVR.DORVAL. Des rosettes, semblables aux précédentes, séparent également les mots de cette légende, qui est placée entre filets ; dans le champ, une croix à branches égales, dans un Orle quadrilobé.

(1) La branche des seigneurs d'Orval portait cette bordure engrelée, comme brisure.

(2) Armes : *Comme son père.*

(3) Les comtes et ducs-pairs de Nevers, de la maison de Clèves, doivent leur origine aux comtes d'Aten ou d'Altemberg, depuis comtes de La Mark et ducs de Clèves, qui ont formé différentes branches ; celle de Nevers a pour auteur Jean Ier du nom, comte de Clèves et de La Mark, chevalier de la Toison-d'Or, qui épousa en 1455 Élisabeth de Bourgogne. (Voir Imhoff, Sainte-Marthe.)

sinople. (1). Pl. VII. (Lachesnaye des Bois, *Dictionnaire de la Noblesse.* — Paillot.)

Femme, *Charlotte de Bourbon-Vendôme,* quatrième fille de Jean II de Bourbon, comte de Vendôme (2).

CHARLES DE CLÈVES, comte de Nevers, d'Auxerre, de Rethel et d'Eu, pair de France, en vertu de l'arrêt de Louis XII, relatif à la succession de Jean de Bourgogne (3) (1506-1521).

Armes.

Comme son père.

Femme, *Marie d'Albret-Orval,* fille aînée de Jean d'Albret, sire d'Orval (4). Elle gouverna le comté comme tutrice de ses enfants (1521-1537).

(1) Telles étaient les armoiries de la maison de Clèves, mais les comtes et ducs de Nevers y ajoutèrent de nombreuses écartelures qui, du reste, n'étaient pas fixées d'une manière régulière; d'après l'Histoire des grands officiers de la Couronne, Engilbert de Clèves portait: *Écartelé: aux 1 et 4 contrécartelé: au 1 de gueules, au ray d'escarboucle pommeté et fleurdelysé d'or de huit pièces, enté en cœur d'argent, à l'escarboucle de sinople, qui est de* Clèves; *au 2 d'or, à la fasce échiquetée d'argent et de gueules de trois traits, qui est de* La Mark; *au 3 d'azur semé de fleurs de lys d'or, au lambel de gueules de trois pendants, chaque pendant chargé de trois châteaux d'or, qui est d'Eu-Artois; au 4 de sable, au lion d'or armé et lampassé de gueules, qui est de* Brabant; *aux 3 et 4 contrécartelé: aux 1 et 4 d'azur, à trois fleurs de lys d'or, à la bordure componée d'argent et de gueules, qui est de* Bourgogne-moderne; *au 2 de gueules, à trois râteaux démanchés d'or, qui est de* Rethel; *au 3 écartelé d'azur, à trois fleurs de lys d'or et de gueules, à la bordure engrelée d'argent, qui est d'*Albret-Orval.

(2) Armes: *D'azur, à trois fleurs de lys d'or, à la bande de gueules, chargée de trois lionceaux d'argent, brochant sur le tout.* (Ste.-Marthe, *Histoire généalogique de la maison de France.*)

(3) En vertu de cet arrêt, les fils du duc de Clèves devaient épouser les deux filles aînées de Jean d'Albret-Orval; un seul des mariages se fit, celui de Charles de Clèves avec Marie d'Albret. (*Manuscrits de l'abbé de Marolles, Inventaire des titres de Nevers.*)

(4) Armes: *Comme son père.*

FRANÇOIS Ier DE CLÈVES, duc de Nevers, pair de France, comte d'Auxerre, d'Eu, de Rethel et de Beaufort, marquis d'Isles, baron de Donzy et de Rosoy, souverain de Château-Renaud et de Boisbelle, seigneur d'Orval, de St.-Amand, de Coulommiers et de Lesparre. Marie d'Albret, mère de ce prince, et Marguerite de Bourbon-Vendôme, sa femme, obtinrent du roi François Ier l'érection du comté de Nevers en duché-pairie, pour lui et pour ses hoirs tant mâles que femelles, par lettres données à Paris au mois de janvier 1538, régistrées au parlement le 17 février suivant. (1537-1562).

Armes.

Comme son père.

Femme, *Marguerite de Bourbon,* seconde fille de Charles de Bourbon, duc de Vendôme (1).

FRANÇOIS II DE CLÈVES, duc de Nevers, pair de France, comte d'Auxerre, d'Eu et de Rethel, baron de Donzy et de Rosoy, seigneur d'Orval, de St.-Amand et de Lesparre (1562-1563).

Armes.

Comme son père.

Femme, *Marie de Bourbon,* comtesse de St.-Paul et duchesse d'Estouteville, fille de François de Bourbon, comte de St.-Paul (2).

---

(1) Armes: *d'azur, à trois fleurs de lys d'or, à la bande de gueules brochant sur le tout.* (Ste.-Marthe, *Histoire généalogique de la maison de France.*)

(2) Armes: *Écartelé: aux 1 et 4 d'azur, à trois fleurs de lys d'or, à la bande de gueules, chargée de trois lionceaux d'argent, brochant sur le tout, qui est de* Bourbon-Vendôme; *aux 2 et 3 d'argent, à cinq fasces de gueules, et un lion de sable, armé, lampassé et accolé d'or, brochant sur le tout, qui est d'*Estouteville. (Ste.-Marthe.)

Jacques de Clèves, duc de Nevers, d'Estouteville et de Beaufort, pair de France, comte de St.-Paul et d'Auxerre, par succession de son frère François, mort sans enfants (1563-1564).

Armes.

Comme son père.

Femme, *Diane de La Mark*, fille de Robert IV de La Mark, duc de Bouillon (1).

Henriette de Clèves, duchesse de Nevers, comtesse de Rethel, baronne de Donzy et de Rosoy (1564-1565).

Armes.

Comme ses frères.

Louis de Gonzague (2), duc de Nevers et de Rethel, pair de France, prince de Mantoue, baron de Donzy et de Rosoy, par son mariage avec Henriette de Clèves (1565-1595).

Armes (3).

Écartelé : au 1 d'argent, à la croix patée de gueules, cantonnée de quatre aigles de sable, membrées et becquées de gueules, qui est de *Mantoue*, la croix chargée d'un écusson de gueules,

---

(1) Armes : *d'or, à la fasce échiquetée d'argent et de gueules de trois traits, au lion issant de gueules en chef.* (Histoire des grands officiers de la Couronne.)

(2) Louis de Gonzague était le troisième fils de Frédéric II, premier duc de Mantoue, issu d'une des plus illustres maisons d'Italie.

(3) Nous donnons ces armoiries telles que les portaient les ducs de Nevers de la maison de Gonzague, avec toutes les écartelures qu'ils avaient ajoutées à leur écusson primitif et qu'ils disposèrent quelquefois autrement. Voici ce que dit l'*Armorial* de Magneney, des armes particulières de la maison de Gonzague : « D'argent à la croix pattée de gueules
» cantonnée de quatre aigles de sable becqués et membrés de gueules,
» qui est l'escu de Mantoue, donné le 22 septembre 1433 par l'empereur

au lion d'or, écartelé d'or, à six fasces de sable, qui est de *Lombardie-Gonzague*; aux 2 et 3 coupé, le premier parti de trois traits : au premier de gueules, au ray d'escarboucle pommeté et fleurdelysé d'or de huit pièces, enté en cœur d'argent, à l'escarboucle de sinople, qui est de *Clèves*; au second d'or à la fasce échiquetée d'argent et de gueules de trois traits, qui est de *La Mark*; au troisième d'azur semé de fleurs de lys d'or, au lambel de gueules de quatre pendants, chacun d'eux chargé de trois châteaux d'or, qui est d'*Eu-Artois*; au quatrième de sable, au lion d'or, armé et lampassé de gueules, qui est de *Brabant*; le second coupé parti de deux traits : au premier semé de France, à la bordure componée d'argent et de gueules, qui est de *Bourgogne-moderne*; au second de gueules, à trois râteaux démanchés d'or, qui est de *Rethel*; au troisième de *France*, écartelé de gueules, à la bordure engrelée d'argent, qui est d'*Albret-Orval*; au 4 coupé d'un trait, parti de deux, au premier d'or, à l'aigle éployée de sable, qui est de l'*Empire*; au second d'argent, à la croix potencée d'or, cantonnée de quatre croisettes de même, qui est de *Jérusalem*; au troisième d'or, à

» Sigismond à François de Gonzague, créé premier marquis héréditaire
» de Mantoue, et vicaire perpétuel du Saint-Empire, pour marque de
» laquelle investiture il abolit les antiennes armes de Mantoue, qui
» estoient de sable à trois moutons d'argent accornéz et clarinez d'or;
» la croix chargée en cœur d'un escu escartelé au 1 et 4 fascé d'or et de
» sable de huit pièces ou de six selon les autres, qui est de Gonzague; au
» 2 et 3 de gueules au lion d'or, armé et lampassé de sable, qui est de
» Lombardie; escu que portoit Guy de Gonzague, seigneur de Lombardie,
» père de Louis de Gonzague, qui prist l'an 1328 le tiltre de seigneur de
» Mantoue, du depuis Frédéric de Gonzague, premier duc de Mantoue et
» prince du Saint-Empire, ayant espousé Marguerite de Paléologue,
» marquise de Montferrat, il adjousta à son escu les armes de l'empire
» de Grèce, celles de la ville de Constantinople, Montferrat, de Hiéru-
» salem, Arragon, Saxe, et du depuis de Bar et d'Alençon, telles que les
» portoit Ludovic de Gonzague, prince de Mantoue, créé chevalier des
» deux ordres de France par le roy Henri III et gouverneur de Cham-
» paigne, père de Charles de Gonzague de Clèves, du présent duc de
» Nevers et de Rethelois. »

quatre pals de gueules, qui est d'*Arragon;* au quatrième fascé d'or et de sable, au cancerlin de sinople posé en bande, qui est de *Saxe-moderne;* au cinquième d'azur semé de croix recroisetées au pied fiché d'or, et deux bars adossés de même, qui est de *Bar;* au sixième de gueules à la croix d'or cantonnée de quatre fusils adossés de même, qui est de *Constantinople;* sur le tout de ce quatrième grand quartier d'argent, au chef de gueules, qui est de *Montferrat;* sur le tout des quatre grands quartiers de France, à la bordure de gueules, chargée de huit besants d'argent, qui est d'*Alençon*. (1). Pl. VII. (*Histoire des grands officiers de la Couronne.*)

CHARLES Ier DE GONZAGUE DE CLÈVES, duc de Nevers et de Rethel, pair de France, prince souverain d'Arches, prince de Porcian, marquis d'Isles, comte de St.-Manuldes, puis duc de Mantoue et de Montferrat (1595-1637).

Armes.

Comme son père (2).

Femme, *Catherine de Lorraine*, fille de Charles de Lorraine, duc de Mayenne (3).

(1) Nous ne donnons que le dessin des armes de *Gonzague-Mantoue*.

(2) Toutefois, comme nous l'avons déjà dit, on trouve souvent ces armoiries disposées d'une autre manière; comme sur le revers du jeton de la ville, dont nous avons donné le dessin plus haut, et que nous reproduisons ici.

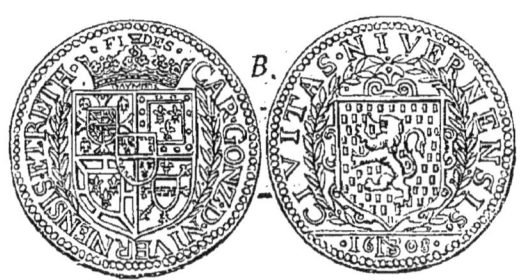

(3) Armes: *Écartelé: aux 1 et 2 coupé de 4 en chef et de 4 en pointe, au 1 fascé d'argent et de gueules de huit pièces,* qui est de Hongrie; *au 2 semé*

Charles II de Gonzague de Clèves, duc de Nevers et de Rethelois, pair de France, prince souverain d'Arches et de Charleville, prince de Porcien, marquis d'Isles, comte de St.-Manuldes, duc de Mantoue et de Montferrat, petit-fils de Charles Ier ; sous la tutelle de Marie de Gonzague sa mère, pendant sa minorité. En 1659, il vendit au cardinal Mazarin le Nivernais et le Donziois (1) (1637-1659).

Armes.

Comme les précédents (2).

de France, au lambel de trois pendants de gueules, brochant sur le tout, qui est d'Anjou-Sicile ; au 3 d'argent, à une croix potencée d'or, cantonnée de quatre croisettes de même, qui est de Jérusalem ; au 4 d'or, à quatre pals de gueules, qui est d'Arragon ; au 5 et 1 de la pointe, d'azur semé de France, à la bordure de gueules, qui est d'Anjou ; au 6 d'azur, au lion contourné d'or, armé et lampassé de gueules, qui est de Gueldres ; au 7 d'or, au lion de sable, armé, lampassé et couronné de gueules, qui est de Juliers ; au 8 d'azur, semé de croisettes recroisetées au pied fiché d'or, à deux bars adossés de même, dentelés et allumés de gueules, qui est de Bar ; sur le tout d'or, à la bande de gueules, chargée de trois alérions d'argent, et un lambel de trois pendants de gueules, brochant sur les huit quartiers, qui est de Lorraine-Guise ; aux 2 et 3 contrécartelé : aux 1 et 4 de France, à la bordure engrelée d'or et de gueules, et aux 2 et 3 d'azur, à une aigle d'argent, becquée, membrée et couronnée d'or, qui est d'Est-Ferrare. (*Histoire des grands officiers de la Couronne.*)

(1) Charles II, après la vente de ses biens de France au cardinal Mazarin, se retira dans ses états d'Italie dont son fils fut dépouillé en 1708, par l'empereur d'Autriche Joseph Ier ; A la mort de ce fils qui ne laissait point d'enfants légitimes, la maison souveraine de Gonzague de Mantoue était représentée par la branche des princes de Gonzaga, ducs de Guastalla et par celle des princes de Gonzaga, princes de Castiglione et de Solferino ; la première s'éteignit en 1746 et de la seconde, sort S. A. S. le prince Alexandre Ier de Gonzaga, héritier de l'antique et illustre maison des ducs de Mantoue.

(2) Dans un armorial manuscrit du Nivernais, conservé à la bibliothèque royale, que nous citerons souvent dans le cours de cet ouvrage, les armes du duc Charles II, sont ainsi représentées : *Parti*, au 1 de Mantoue, et sur le tout, parti de 2 et coupé de 2 traits, ce qui forme 9 quartiers : au 1 de l'Empire ; au 2 de Lombardie ; au 3 de Gonzague ; au 4 de Jérusalem ;

Femme, *Isabelle-Claire d'Autriche*, fille de Léopold, archiduc d'Inspruck, comte de Tyrol (1).

Jules Mazarini, cardinal, duc de Nevers et de Donzy, pair de France, ayant acheté en 1659 le duché de Nivernais, auquel le Donziois avait été incorporé dès le mois de février 1552, obtint du roi Louis XIV de nouvelles lettres de duché-pairie pour Nevers; mais il mourut le 9 mars 1661, sans les faire enregistrer, laissant le duché à Philippe-Julien Mancini, son neveu (1659-1661).

Armes.

D'azur, à la hache consulaire d'or, liée d'argent, et une fasce de gueules, chargée de trois étoiles du second émail, brochant sur le tout. Pl. VII. (*Histoire des grands officiers de la Couronne.*)

Philippe-Julien Mancini-Mazarini, duc de Nevers et de Donzy, pair de France. Le cardinal Mazarin, son oncle maternel, l'institua, en 1661, son héritier dans les duchés de Nevers et de Donzy, à condition que lui et ses descendants porteraient le nom et les armes de *Mancini-Mazarini*. Louis XIV donna à Philippe-Julien de nouvelles lettres de confirmation du duché-pairie de Nevers et de Donzy au

---

au 5 d'Arragon; au 6 de Montferrat; au 7 de Saxe-moderne; au 8 de Bar et au 9 de Constantinople; au 2 parti écartelé: au 1 de Bourgogne-moderne; au 2 de Clèves, enté en cœur de La Mark; au 3 de Brabant; au 4 de Rethel; et sur le tout, de Charleville; L'écu, surmonté d'une couronne ducale, avec le mont Olympe pour cimier, et les deux devises FIDES *et* ΟΛΥΜΠΟΣ, *est entouré du collier de l'ordre de la rédemption, institué en 1608 par Vincent de Gonzague, duc de Mantoue, et dont Charles devint grand maître en prenant possession du duché de Mantoue.*

(1) Armes: *De gueules, à la fasce d'argent.* (*Histoire des grands officiers de la Couronne.*)

mois de janvier 1676, puis des lettres de surannation le 29 avril 1692 (1661-1707).

Armes.

Écartelé : aux 1 et 4 d'azur, à la hache consulaire d'or, liée d'argent, et une fasce de gueules, chargée de trois étoiles d'or, brochant sur le tout, qui est de *Mazarini* ; aux 2 et 3 d'azur, à deux poissons d'argent en pal, qui est de *Mancini*. Pl. VII. (*Histoire des grands officiers de la Couronne.*)

Femme, *Diane-Gabrielle de Damas de Thianges*, fille de Claude Léonor de Damas, marquis de Thianges (1).

Philippe-Jules-François Mancini-Mazarini, duc de Nevers et de Donzy, pair de France, grand d'Espagne de première classe, prince de Vergagne et du St.-Empire, noble vénitien, baron romain, par succession de son père. Louis XV confirma son duché-pairie de Nevers, par lettres du 24 août 1720 (1707-1730).

Armes.

Comme son père.

Femme, *Marie-Anne Spinola*, fille aînée et héritière de Jean-Baptiste Spinola, prince de Vergagne et du St.-Empire, grand d'Espagne de première classe (2).

Louis-Jules-Barbon Mancini-Mazarini, duc de Nevers et de Donzy, pair de France, grand d'Espagne de première classe, prince du St.-Empire, noble vénitien, baron

---

(1) Armes : *Écartelé : aux 1 et 4 d'or, à la croix ancrée de gueules, qui est de* Damas ; *aux 2 et 3 fascé, ondé, enté d'argent et de gueules, qui est de* Rochechouart. (Lainé, *Archives généalogiques de la noblesse de France.*)

(2) Armes : *D'or, à la fasce échiquetée d'argent et de gueules de trois traits, surmontée d'une épine de sable, posée en pal, la tête en haut.* (*Histoire des grands officiers de la Couronne.*)

romain, par démission de son père. Il avait pris le titre de duc de Nivernais, pour se distinguer de son père, que l'on nommait toujours duc de Nevers. Il mourut, le dernier de son nom, le 25 février 1798. Le duché de Nevers avait fini avant lui; dès 1790, il avait été remplacé par le département de la Nièvre, son dernier seigneur s'appelait le *citoyen* Mancini-Nivernois, et dans sa séance du *primidi, 11 brumaire de l'an II de la république une et indivisible,* la Convention avait fait fouler aux pieds par ses huissiers et porter à la monnaie nationale cette couronne que, près de trois siècles auparavant, François Ier avait posée sur la tête du premier de nos ducs (1730-1790).

Armes.

Comme son père.

1re Femme, *Hélène-Françoise-Angélique Phélypeaux de Pontchartrain*, fille de Louis Phélypeaux, comte de Pontchartrain (1).

2e Femme, *Marie-Thérèse de Brancas de Forcalquier* (2).

PREMIERS BARONS.

Les quatre premières baronies du Nivernais étaient: la Ferté-Chauderon, la Roche-Milay, Frasnay-les-Chanoines et la Guierche. Les seigneurs de ces fiefs, principaux

---

(1) Armes: *D'azur semé de quartefeuilles d'or, au franc quartier d'hermine.* (*Histoire des grands officiers de la Couronne.*)

(2) Armes: *D'azur, au pal d'argent, chargé de trois tours de gueules, et accosté de quatre pattes de lion affrontées d'or, en bandes et en barres, mouvant des flancs de l'écu.* (*Histoire des grands officiers de la Couronne.*)

vassaux du comte, marchaient les premiers, lors de la convocation de l'arrière-ban et des autres assemblées des nobles ; le baron de la Ferté-Chauderon, le premier d'entre eux, prenait le titre de *maréchal* et *sénéchal* du Nivernais, ce qui lui donnait le droit de commander l'avant-garde du comte en partant pour la guerre, et l'arrière-garde au retour ; ses gages étaient payés le double de ceux d'un baron, et le jour d'une bataille il pouvait, après le comte ou le duc, choisir le meilleur cheval de la troupe ; il était en outre le second conseiller de son seigneur. On ne sait rien de bien positif au sujet du droit de battre monnaie attribué par Coquille aux barons de la Ferté-Chauderon.

Nous allons donner les armoiries des principales familles qui ont possédé ces premières baronies, bien que plusieurs d'entre elles soient étrangères à notre province.

CHAUDERON, barons de la *Ferté-Chauderon* (1).

Armes.

D'or, au chef de sable. Pl. VIII. (*Armorial manuscrit* de Gilles le Bonnier.)

DE BOURBON-CLUYS (2), seigneur de Cluys ; barons de la *Ferté-Chauderon*.

Armes.

D'azur semé de fleurs de lys d'or, à la bande de gueules, qui est de *Bourbon*, au filet de sable brochant en barre sur le tout, comme brisure. Pl. VIII. (*Histoire des grands officiers de la Couronne.*)

(1) Au XIIIe siècle, Arnoul de Chauderon (*Arnulphus Calderonis*), était baron de la Ferté-Chauderon ; il est nommé Chauderon *de Firmitate* dans un arrière-ban de 1214. (Laroque, *Traité du ban et de l'arrière-ban.*)

(2) Guy de Bourbon, seigneur de Cluys et baron de la Ferté-Chauderon en 1336, était fils naturel de Louis Ier, duc de Bourbon.

DAUPHIN (1), seigneur de Jaligny, de Treteaux et de St.-Ilpise; barons de la *Ferté-Chauderon*, originaires d'Auvergne.

Armes.

D'or, au dauphin pâmé d'azur, au lambel de gueules de trois pièces. Pl. VIII. (*Histoire des grands officiers de la Couronne.*)

DE MELLO, seigneurs de Lormes, d'Espoisses, de Givry, de St.-Martin, de Saint-Parize, de Breschart; comtes de Château-Chinon; barons de la *Ferté-Chauderon* et de la *Roche-Milay*, originaires de Picardie, en Auxerrois et en Nivernais.

Armes.

D'or, à deux fasces de gueules, à l'orle de 9 merlettes de même. Pl. VIII. (*Histoire des grands officiers de la Couronne.*)

COCHET, seigneurs de Monts, de Toury-sur-Abron, de Courroux, des Chanais, de Froidefond, de Bruères; barons de la *Ferté-Chauderon*.

Armes.

D'or, à trois coqs de gueules (2). Pl. VIII. (*Armorial de la généralité de Moulins.*)

ANDRAULT DE LANGERON, seigneurs de Cougny, de Bazolle, de l'Ile-de-Mars; barons d'Aligny, d'Ogé et de

---

(1) Guichard Dauphin, Ier du nom, baron de la Ferté-Chauderon en 1372, était petit-fils de Robert III, comte de Clermont et dauphin d'Auvergne; Guichard Dauphin IIe du nom, son fils, portait: *Écartelé: aux 1 et 4 d'or, au dauphin pâmé d'azur; aux 2 et 3 d'azur, à une bande d'argent, accostée de deux cotices potencées, et contrepotencées d'or, et un lambel de gueules brochant sur le tout.* Pl. VIII. A cause de sa mère Isabeau de Sancerre.

(2) Ces armes se voyaient au-dessus d'une porte du commencement du XVIIe siècle, au château de Toury-sur-Abron.

la *Ferté-Langeron* (1); comtes de Chevrières et de Banains; marquis de Maulevrier et de la Côte; comtes de Langeron.

Armes.

Écartelé: aux 1 et 4 d'azur, à trois étoiles d'argent, qui est d'*Andrault*; aux 2 et 3 d'argent, à trois faces vivrées de gueules, et une bande d'azur semée de fleurs de lys d'or, brochant sur le tout, qui est de *Gencien* (2). Pl. VIII. (Lachesnaye des Bois. — D'Hozier.)

DE CHATILLON, seigneurs de Châtillon-en-Bazois et de Jaligny; barons de la *Roche-Milay*.

Armes.

Losangé d'or et d'azur. Pl. VIII. (*Histoire des grands officiers de la Couronne.*)

---

(1) La baronie de la *Ferté-Chauderon* prit le nom de la *Ferté-Langeron* quand, au XVIe siècle, elle passa dans la famille *Andrault*.

(2) Jacques Gencien, à la bataille de Mons-en-Puelle, livrée contre les Flamands le 18 août 1304, portait la cotte d'armes du roi Philippe-le-Bel; il fut tué à côté de ce prince, qui accorda à ses descendants le droit d'ajouter à leurs armes une bande d'azur semée de fleurs de lys d'or. (*Tableau de la Noblesse*, par le comte de Waroquier de Combles.)

Pierre Gentien, poète qui vivait du temps de Philippe-le-Bel, ou au plus tard de Philippe-de-Valois, se nomme à la fin d'un de ses poèmes:

J'ay a nom Pierre Gentien,
Qui suis loié de tel lien,
Dont nus ne me peut deloier.
. . . .

Il décrit ensuite ses armes: D'enciens guelles et d'argent,
Qui contre le soleil resplent,
Une bande y ot ouvrée,
De fin azur, d'or fleuretée.
. . . .

Puis plus loin: Johannes hom non pas antien,
Que on appelle Gentien,
Portoit tiex armes ce disoyent.
. . . .

(*Bibliothèque française* de Duverdier.)

De Vienne, seigneurs d'Antigny, de Pagny, de Longwy, de Ste.-Croix, etc.; barons de la *Roche-Milay*, originaires de Bourgogne.

Armes.

De gueules, à l'aigle d'argent. Pl. VIII. (*Histoire des grands officiers de la Couronne.* —D. Plancher, *Histoire de Bourgogne.*)

De Montmorency-Fosseux, seigneurs de Hauteville, de Hallot, de Bouteville, de Crèvecœur; barons de la *Roche-Milay;* puis ducs de Beaufort-Montmorency et de Piney-Luxembourg, originaires de l'Ile-de-France.

Armes.

D'or, à la croix de gueules, cantonnée de seize alérions d'azur, au lambel d'azur brochant sur le tout. Pl. VIII. (*Histoire des grands officiers de la Couronne.*)

De Villars, barons de la *Roche-Milay;* marquis de la Nocle; ducs de Villars, pairs de France, originaires du Lyonnais.

Armes.

D'azur, à trois molettes d'éperon d'or, au chef d'argent, chargé d'un lion léopardé de gueules. Pl. VIII. (*Histoire des grands officiers de la Couronne.* — Brossette, *Histoire de la ville de Lyon.*)

De la Ferté-Meung, seigneurs d'Alouze, d'Osais, de Villaine, de Saulière, de Chevaine, de Crenay, de la Ferté-Aurain; barons et comtes de *Laroche-Milay;* comtes et marquis de la Ferté-Meung, originaires de Bourgogne, en Nivernais et en Blésois.

Armes.

Écartelé: aux 1 et 4 d'hermine, au sautoir de gueules, qui

est de la *Ferté*; aux 2 et 3 contrécartelé d'argent et de gueules, qui est de *Meung*. Pl. VIII. (D'Hozier, *Armorial de France. — Calendrier de la Noblesse pour* 1763.)

DE FRASNAY, seigneurs de Mouche, de Lachey; barons de *Frasnay-les-Chanoines* et d'Anisy.

Armes.

Palé d'argent et d'azur. Pl. VIII. (Paillot. —*Histoire de Malte,* par l'abbé de Vertot.)

DE LA PLATIÈRE, seigneurs de La Platière, des Bordes, de Bourdillon, de Montigny, de Saint-Aubin, de Saint-Sulpice, de Montifaut, de Torcy, de Chevenon, du Coudray, d'Imphy; barons de Prie-sur-Lixeure, de *Frasnay-les-Chanoines* et d'Espoisses.

Armes.

D'argent, au chevron de gueules, accompagné de trois anylles ou fers de moulins de sable. Pl. VIII. (Vulson de la Colombière.)

DES BARRES, seigneurs de Dienne, de Champallement; barons de la *Guierche*, en Nivernais, en Bourgogne et en Beauce.

Armes.

D'or, à la croix ancrée de sinople (1). Pl. VIII. (Coquille,

---

(1) Aux archives du royaume (J. 257), se trouve une charte latine du 7 février 1221, donnée par *Pierre des Barres* (Petrus de Barris). Le sceau qui y est appendu porte un écusson à une croix ancrée, avec cette légende : ☩ SIGILLVM . . . . . E BARRIS. (Sigillum Petri de Barris.)

Dans le Recueil d'armoiries de Gilles Le Bouvier, on trouve deux écussons au nom des *Des Barres*: l'un *losangé de gueules et d'or*, l'autre *d'or, à une croix ancrée de sinople.*

Histoire du Nivernois. — Armorial manuscrit de Gilles Le Bonnier.)

De Gamaches, seigneurs de Gamaches, de Rosemont, de Sury-au-Bois, de Sussy, de Quincampoix, d'Ourouër, de Chalinon, de Lesnoys; barons de *La Guierche* et de Moulin-Porcher; barons et vicomtes de Château-Meillan, de Remont et de La Fougerolle; comtes de Lugny et de Sanceaux; marquis de Gamaches, originaires de Normandie, en Nivernais et en Berry.

Armes.

D'argent, au chef d'azur. Pl. VIII. (Lachesnaye des Bois, *Dictionnaire de la Noblesse. — Armorial manuscrit du Nivernais.*)

Regnier de Guerchy, seigneurs du Deffend, de Vauvrailles; barons de *La Guierche*; vicomtes d'Aulnay et de Fontenay; barons et comtes de Druy; barons et marquis de Guerchy, originaires d'Auvergne, en Nivernais et en Bourgogne.

Armes.

D'argent, à six tourteaux d'azur, posés 3, 2 et 1. Pl. VIII. (Vertot, *Histoire de Malte.* — Lachesnaye des Bois.)

De Bar, seigneurs de La Brosse, de Baugy, de Chanteloup, des Essarts, d'Etrechy; barons de Limanton et de *La Guierche;* vicomtes de Sevigny et de Villeménard; comtes de Bar; marquis de Buranlure, en Berry et en Nivernais.

Armes.

Retiercé en fasces d'or, d'azur et d'argent, de neuf pièces. Pl. VIII. (*Histoire des grands officiers de la Couronne.*)

Tenon, seigneurs de Fonfay, d'Azy, de Nanveignes; barons de *La Guierche*, originaires du Nivernais, en Orléanais.

Armes.

Écartelé : aux 1 et 4 de sable, à une fasce d'or ; aux 2 et 3 de sable à deux lions léopardés d'or (1). Pl. VIII. (*Armorial gravé* de Magneney. — *Armorial manuscrit du Nivernois.*)

FAMILLES.

Alixand, seigneurs de Meaux, de Cuffier, de Bruères, de Villecourt, de Lamarche, de Charmay (2).

Armes.

D'azur, au chevron d'argent, accompagné de trois étoiles de même (3). Pl. IX.

Anceau, seigneurs de Mects, de Villers-le-Sec (4). (D. Caffiaux, *Trésor généalogique.*)

---

(1) Les anciennes armes de cette famille étaient : *D'azur, au buste de femme d'argent, habillé et chevelé d'or, accompagné de trois étoiles du dernier émail.* (*Armorial manuscrit du Nivernois.*)

(2) Les familles sans indication de province, sont originaires du Nivernais.

(3) L'*Armorial de la généralité de* Moulins indique ces armoiries d'une manière un peu différente : *D'azur, à une bande d'argent, accompagnée de trois étoiles de même, deux rangées en chef et une en pointe.* Paillot parle aussi d'un président au parlement de Bourgogne de cette famille qui portait : *D'azur, à la bande d'or, accompagnée de trois étoiles de même, au chef d'argent, chargé d'une devise vivrée du champ.* (Paillot, *Le Parlement de Bourgongne.*)

(4) Nous n'avons pu retrouver les armoiries de cette famille, fort ancienne en Nivernais, non plus que celles de plusieurs autres dont nous ne pourrons donner que le nom.

D'Ancienville, seigneurs de Villiers-aux-Corneilles, de Prie, des Bordes; barons de Réveillon; marquis d'Espoisses, originaires de Champagne, en Berry et en Nivernais.

Armes.

De gueules, à trois mailloches d'or (1). Pl. IX. (*Le roy d'armes*, du P. de Varennes. — Paillot.)

Andras de Marcy, seigneurs de Cougny, de Montoi, de Changy, de Chassy, de Boisrousseaux, de Serre, de Chape, de Ferry, de Sougny, de Saincy, de Trégny; barons de Poiseux; comtes de Marcy, en Auxerrois et en Nivernais.

Armes.

D'argent, au chevron de gueules, accompagné de trois tourteaux de même (2). Pl. IX. (*Armorial de France*, de d'Hozier. — *Preuves de Malte*, à la Bibliothèque de l'Arsenal.)

D'Angeron, seigneurs des Granges.

D'Anisy, seigneurs d'Anisy.

D'Anlezy, seigneurs de Jailly, de Dumflun, du Champ-de-Sancy, de Chaseulle, d'Anlezy.

Armes.

D'hermine, à la bordure de gueules (3). Pl. IX. (Lachesnaye des Bois, *Dictionnaire de la Noblesse.*)

(1) Quelquefois ces *mailloches* ou maillets sont d'argent, Segoing les indique ainsi. *Claude d'Ancienville*, chevalier de Malte et commandeur d'Auxerre en 1523, portait *de gueules, à trois marteaux de maçon d'argent, emmanchés d'or, dentellés de sable à dextre.* (*Histoire de Malte*, par l'abbé de Vertot.)

(2) Ces armoiries se voient sur un pilier du xvie siècle, dans l'église de Gimouille.

(3) Ces armoiries se trouvent au château de Dumflun, au-dessus d'une porte du xve siècle, la bordure y est denchée.

On voit au presbytère d'Anlezy, un fragment de pierre tombale, du

D'Armes, seigneurs de Trucy-l'Orgueilleux, de La Borde, de La Jarrie, de La Forest-sous-Bouy, de Savène, de Plaimbois, de Moussy, de Villaines, de La Barre; comtes de Busseaux; vicomtes et comtes d'Armes.

Armes.

De gueules, à deux épées d'argent, appointées en pile vers la pointe de l'écu, les gardes d'or, et une rose de même entre les gardes (1). Pl. IX. (Menestrier, *Méthode du blason.*)

D'Arthel, seigneurs d'Arthel; vicomtes de Clamecy.

Arvillon (2), seigneurs du Sosay, de Saint-Baudière, etc.

Armes.

D'azur, au chevron accompagné en chef de deux étoiles, et en pointe d'un rencontre de bélier, le tout d'or. Pl. IX. (*Armorial de la généralité de Moulins.*)

L'Asne. (D. Caffiaux, *Trésor généalogique.*)

D'Assigny, seigneurs du Fort, de Montréal, du Pont, de Mourdet, de Lain; marquis de Moulins-les-Toucy, en Bourgogne et en Nivernais.

XIIIe ou du XIVe siècle, sur laquelle était gravée au trait la figure d'un chevalier; on peut encore lire les premiers mots de l'inscription: † GIST MESS : HVGES : DANL..... S, le reste manque; c'était sans doute la tombe de Hugues ou Huguenin d'Anlezy, qui est mentionné dans les lettres de juillet 1260, d'Eudes de Bourgogne, comte de Nevers, portant que le sieur d'Anlezy tient en fief de lui son château d'Anlezy. (D. Caffiaux, *Trésor généalogique.*)

(1) On trouve ces armoiries, dans l'église de Vergers, telles que nous les indiquons ici; quelques auteurs, le P. Menestrier entre autres, y ajoutent une bordure engrelée, qui n'est autre chose qu'une brisure.

(2) Pierre Arvillon du Sozay fut le premier maire de la ville de Nevers, établi par lettres-patentes du roi Louis XIV, en 1692.

Armes.

D'hermine, au chef de gueules, chargé d'une vivre d'or. Pl. IX. (*Généalogie de la maison de Courvol. — Armorial manuscrit* de Gilles Le Bonnier.)

Audeaul, seigneurs de Latrault. (D. Caffiaux.)

D'Aulnay, seigneurs d'Aignon, de Vacheresses, de Lys, du Meix-Richard, etc.

Armes.

D'argent, au lion de sable, armé et lampassé de gueules. Pl. IX. (*Manuscrits* de l'abbé de Marolles. — *Preuves de Malte*, Bibl. de l'Arsenal.)

D'Avenières, seigneurs d'Anlezy, de Lurcy-le-Châtel, du Pleix, de Lochy, etc., en Bourbonnais et en Nivernais. (D. Caffiaux. — Bethancourt, *noms féodaux.*)

D'Avril, seigneurs d'Avril-sur-Loire, de Chanceaulx, etc.

Armes.

D'or, au lion d'azur, armé lampassé et couronné d'argent, et un croissant du second émail, au-dessous de sa patte gauche. Pl. IX. (*Manuscrits* de l'abbé de Marolles.)

—

Babaud de la Chaussade, seigneurs de Beaumont-la-Ferrière, de Sichamps, etc.

Armes.

D'or, au chêne de sinople glanté d'or, terrassé du second émail. Pl. IX. (Lachesnaye des Bois. — *Armorial* de Dubuisson.)

Babute, seigneurs de Fontenay, de Verneuil, de Froidefond, de Chastel-en-Bouce; barons de St.-Pierre-du-Mont, de Germigny et de St.-Aignan, en Nivernais, en Bourbonnais et en Berry.

Armes.

Écartelé : aux 1 et 4 d'argent, à trois fleurs de pensée d'azur, qui est de *Babute ;* aux 2 et 3 palé d'argent et d'azur, au chevron de gueules brochant sur le tout, qui est de *Fontenay* (1). Pl. IX. (Lachesnaye des Bois. — D. Caffiaux, *Trésor généalogique.*)

BAILLE DE BEAUREGARD, seigneurs des Mours, des Coques, de Beauregard, originaires du Nivernais, en Poitou.

Armes.

D'argent, à la fasce d'azur, accompagnée en chef de trois roses de gueules, rangées en fasce, et en pointe d'un lion léopardé de même. Pl. IX. (*Armorial* de St.-Allais.)

BARDIN, seigneurs d'Origny, de Limonnet, de Champagne, d'Erry, etc.

Armes.

D'azur, à un trèfle d'or, soutenu d'un croissant d'argent et accosté de deux étoiles aussi d'argent (2). Pl. IX. (*Armorial de la généralité de Moulins.*)

BARGEDÉ. En Bourgogne et en Nivernais.

Armes.

De gueules, à la bande d'or, chargée d'un lion de sable et accompagnée de trois croisettes du second émail, deux en chef

---

(1) A cause du mariage de Gaspard de Babute avec Philiberte de Fontenay, le 31 janvier 1541. (Thaumas de La Thaumassière, *Histoire du Berry.*)

Les armes de la famille de Fontenay se trouvent dans un armorial manuscrit de l'Auvergne et du Bourbonnais, dressé par Guillaume Revel, dit *Auvergne*, héraut du roi Charles VII, armorial qui est à la Bibliothèque royale.

(2) L'épitaphe d'une femme de cette famille, qui se voit dans l'église de St.-Pierre-le-Moûtier, porte un écusson où l'on remarque seulement un trèfle et un croissant; il en est de même sur un autre écusson des Bardin, sculpté dans l'église de Champlin.

et une en pointe. Pl. II. (*Dictionnaire héraldique* de J. Chevillard.)

DE LA BARRE, seigneurs de la Chaussée, de Villelume, de Chevroux, de Lorgue, de Chabé, originaires de Beauce, en Nivernais.

Armes.

D'argent, à la fasce d'azur, chargée de trois coquilles d'or, et accompagnée de deux merlettes de sable, une en chef et une en pointe (1). Pl. IX. (D'Hozier, *Armorial de France.*)

DE LA BARRE, seigneurs de Vernières, de Chaluverdy, de la Madelaine, de Mopas, de Guérigny; barons des Troches et du Chasnay, en Nivernais et en Bourbonnais.

Armes.

D'azur, à trois glands d'or, tigés et feuillés de même. Pl. IX. (D'Hozier. — *Preuves de Malte*, à la Bibliothèque de l'arsenal.)

BAUDREUIL.

Armes.

De . . . . . à trois cœurs couronnés. Pl. IX. (*Notice sur Decize*, par M. Girerd.)

BAUDRON DE LA MOTHE, seigneurs de la Mothe-Jousserand, originaires de Bordeaux, en Nivernais.

Armes.

D'azur, au lévrier rampant d'argent, accompagné en chef de deux pommes de pins versées d'or. Pl. IX. (*Note communiquée.*)

---

(1) Souvent c'est une bande, au lieu d'une fasce, qui porte les trois coquilles.

Le Bault, seigneurs de Langy, de Lanty, de Montjoie, de Montier.

Armes.

De gueules, au chevron d'or, accompagné de trois merlettes de même. Pl. IX. (*Dictionnaire de la Noblesse.*)

De Bazelle, seigneurs de Buy.

Armes.

D'azur, au chevron d'argent, chargé de cinq tourteaux de gueules, et accompagné de trois étoiles d'or, au chef cousu de gueules, chargé d'une fleur de lys d'or. Pl. IX. (*Armorial de la généralité de Bourges.*)

De Béard, seigneurs de Béard, de Lestalon et de Saxi-Bourdon. (D. Caffiaux, *Trésor généalogique.*)

Bellon de Chassy, seigneurs de Chassy, de Blanzy, etc., originaires de Bourgogne, en Nivernais.

Armes.

D'azur, au chevron d'or, accompagné en chef de deux étoiles, et en pointe d'une croisette patée de même, surmontée d'un croissant d'argent. Pl. IX. (*Armorial manuscrit du Nivernois.*)

Bernard, seigneurs de Lande, de Toury-sur-Abron, de Retz-les-Espoisses, de Courroux.

Armes.

D'azur, à un cœur d'or, accompagné en chef de deux étoiles de même, et en pointe d'un croissant d'argent. Pl. X. (*Armorial de la généralité de Moulins.*)

De Bernault, seigneurs de Montmort, de Chassey, de St.-Eusèbe, de Savigny-sur-Beaune et de Crécy, originaires du Nivernais, en Bourgogne.

Armes.

De sable, à une croix d'or. Pl. X. (D. Caffiaux, *Trésor généalogique.*)

BERNOT DE CHARANT, seigneurs de Passy, de Varennes, de Congy, de Monchy, de Charant.

Armes.

D'argent, à la fasce d'azur, chargée d'une croisette patée d'or, entre deux étoiles de même. Pl. X. (*Armorial de la généralité de Bourges.*)

BERTHIER DE BIZY, seigneurs de Veulain, de Chassy, de Beaumont, de Guichy, de Villaines, de Vanay; comtes de Bizy.

Armes.

D'azur, à la fasce d'or, accompagnée en chef d'une rose d'argent, et en pointe de trois glands d'or, posés 2 et 1. Pl. X. (*Dictionnaire de la Noblesse.*)

BEURDELOT, seigneurs de Fontenilles, de Malfontaines, de Boistaché, originaires de Bourgogne, en Nivernais.

Armes.

D'azur, à une bande d'or, chargée de trois fers de dards de gueules, et accompagnée de deux besants d'argent, un en chef et un en pointe. Pl. X. (*Dictionnaire de la Noblesse.*)

DE BÈZE, seigneurs de Lys, de La Porte, de La Belouse, de Vesvre, de Pignolle, de Monthourny, de Cholet, de Talon, de Chaillevoy, etc.

Armes.

De gueules, à la fasce d'or, chargée de trois roses d'azur, et accompagnée en pointe d'une clef d'argent en pal. Pl. X. (*Armorial de la généralité de Moulins.*)

La Bize (1).

De Blanchefort, seigneurs de Château-du-Bois, de Villenault, de Fondelin, de St.-Germain-du-Bois, de Thurigny; barons d'Asnois-le-Bourg et de Saligny; marquis de Blanchefort, originaires du Limousin, en Nivernais (2).

Armes.

D'or, à deux lions léopardés de gueules. Pl. X. (*Dictionnaire de la Noblesse.*)

De Blosset, seigneurs de Villiers, de Précy, du Plessis-Pathé, de St.-Pierre, de Planceville; barons de Torcy; marquis de Blosset, en Nivernais et en Dauphiné.

Armes.

Écartelé: aux 1 et 4 de gueules, à trois molettes d'argent; aux 2 et 3 palé d'or et d'azur, au chef de gueules, chargé d'une face vivrée d'argent (3). Pl. X. (*Dictionnaire de la Noblesse.*)

---

(1) Le premier échevin connu de la ville de Nevers, en 1309, est *Estienne la Bize*. (Parmentier, *Archives de Nevers.*)

(2) En 1514, par le mariage de Guy de Blanchefort V^e du nom, dit Guynot ou Guynot, avec Perrette Du Pont, dame du Château du Bois, de Villenault, de Fondelin, etc.

(3) L'armorial gravé de la ville de Paris blasonne ainsi les armes de Jean Blosset, baron de Torcy, chevalier des ordres du roi, lieutenant-général de Paris et de l'Ile-de-France, en 1572 et 1577 : *Écartelé : aux 1 et 4 palé d'or et d'azur, au chef de gueules, chargé d'une face vivrée d'argent; aux 2 et 3 burelé d'argent et de gueules de dix pièces, au lion de sable couronné d'or, brochant sur le tout.*

A la fin du xviie siècle, Isaac Blosset, écuyer, seigneur de Précy, portait simplement : *Palé d'or et d'azur.* (*Armorial de la généralité de Moulins.*)

Du Bois-d'Aisy, seigneurs du Bois, de Neuville, de Lanty, de Drasilly, de Saisy, de Poussery, de Pouilly, de Montaron, de Vandenesse, de Marcilly, d'Aisy, du Pont-d'Aisy, de Dompierre; barons et comtes du Bois-d'Aisy.

Armes.

D'azur, à la fasce d'or, accompagnée en chef d'une étoile de même, entre deux fleurs de lys d'argent, et en pointe d'un porc-épic du dernier émail. Pl. X. (*Archives généalogiques de la noblesse de France,* par M. Laîné.)

Du Bois-des-Cours, seigneurs d'Aunoy, de Favières, de la Potherie, de la Ferrière, de Châtenay, de la Motte, de l'Etang, de St.-Cosme, de Champessant, de Nogent-le-Bernard; comtes du Bois-des-Cours; marquis de la Maisonfort, au Perche, au Maine et en Nivernais.

Armes.

D'argent, à cinq coquilles de gueules. Pl. X. (*Archives généalogiques de la noblesse de France.*)

De Boisserand, seigneurs de Lamenay, de Vaux, de Monfanches, de Cromey et de Repas, en Bourgogne et en Nivernais.

Armes.

De sable, à la croix ancrée d'argent. Pl. X. (*Manuscrits de l'abbé de Marolles.*)

Bolacre, seigneurs de Sigogne, du Marais, etc.

Armes.

De sinople, au lion d'argent, armé, lampassé et couronné de gueules. Pl. X. (*Le roy d'Armes,* du P. de Varennes.)

De Bongards, seigneurs de Maumigny, de Grosbois, de Courtois, de l'Etang, d'Arsilly, de Migny.

Armes.

De gueules, à trois merlettes d'argent. Pl. X. (Thaumas de la Thaumassière. — Pallet, *Nouvelle histoire du Berry.*)

De Bonnay, seigneurs de Menetou, de Verneuil, de Salon, de Pougues, de Bernieu, de Champallement, de la Bussière, de Précy, de Demoret, de Lagrange, de Cossay, de Vomas, de Frasnay; barons de Bessay; seigneurs puis comtes et marquis de Bonnay; pairs de France, en Nivernais et en Bourbonnais.

Armes.

D'azur, au chef d'or, au lion de gueules couronné de même, brochant sur le tout. Pl. X. (*Roy d'Armes.* — *Armorial manuscrit* de Gilles Le Bonnier.)

Bonnet.

Armes.

D'azur, à trois fusées d'or, mises en fasce, et un chef de même. Pl. X. (Paillot.)

Bonnin (1), seigneurs du Cluseau, d'Argenton, de Bouy, du Bouquin, du Fort-Vieil, de Tallon-Judas, de Beuvron, de Moissy, du Molinot, de Sasseigne, de Chitry, du Boucher, de Cuzy, de Chaumot, de Mézière, de Héry, en Berry et en Nivernais.

Armes.

Vergeté de gueules et d'azur de douze pièces, les pals de

---

(1) Le nom de cette famille s'est écrit indifféremment dans les titres originaux Bonin, *de Bonin* ou *de Bony*.

gueules chargées de fusées d'or (1). Pl. X. (*Armorial de France*, de d'Hozier.)

DES BORDES, seigneurs des Bordes.

Armes.

De gueules, à trois molettes d'éperon d'or. Pl. X. (*Dictionnaire de la Noblesse.* — Gilles Le Bonnier.)

BORNE DE GRANDPRÉ, seigneurs de Grandpré, de Gouveau, de Meulois, de Retoul.

Armes.

De gueules, à la bisse d'or. Pl. X. (*Armorial* de St.-Allais.)

LE BOURGOING (2), seigneurs du Vernay, de Sichamps, de Poissons, d'Aignon, de Planchevienne, de Chaillant, de la Douée, de Bois-Henri, de Belleperche, de la Hautecour, de Limanton, de Charly, de Maupertuis, de Moranges; barons et comtes de Bourgoing; pairs de France.

Armes.

D'azur, à la croix ancrée d'or (3). Pl. X. (*Dictionnaire de la Noblesse.* — *Armoiries des Gentilshommes qui ont assisté aux Etats de Bourgogne.*)

LE BOURGOING DE FOLIN (4), seigneurs de Folin, de

---

(1) La branche des seigneurs du Cluseau a porté : *Coupé d'azur, à trois losanges d'or 2 et 1, et d'argent à cinq vergettes d'azur.* (Armorial de la généralité de Paris.)

(2) Dans les anciens titres le nom de cette famille se trouve écrit de plusieurs manières : *Le Bourgoing, de Bourgoing, Bourgoing, Bourgouin*, etc.

(3) Ces armes se trouvent au-dessus d'une porte du xve siècle, au château du Vernay.

(4) Cette famille est la même que la précédente, les deux branches se séparèrent au milieu du xive siècle; leur origine commune est prouvée

Champlévrier, du Faux, de Montbenoist, de Bissy, de Lichères, de Coulanges-sur-Yonne, de Charentonay, du Souchet, en Nivernais et en Bourgogne.

Armes.

D'argent, à trois tourteaux de gueules. Pl. XI. (Vertot, *Histoire de Malte*. — *Armorial de la généralité de Moulins*.)

BOUTILLAT *alias* DE BOUTILLAC, seigneurs de la Barate, d'Apremont, de Resson, d'Ouy, de Pargny, de Bernières, de Poix, de Liancourt, de la Bretonnière, en Champagne et en Nivernais.

Armes.

D'argent, à trois barils couchés de gueules (1). Pl. XI. (*Armorial manuscrit du Nivernois*.)

BOUZITAT, seigneurs de Selines, du Chasnay, de Courcelles.

Armes.

De gueules, au chevron d'or, accompagné de trois tours

par une charte conservée aux archives du royaume (*reg.* 466) et citée par Béthancourt (*Noms féodaux*), dans laquelle il est question de Guillaume Le Bourgoin de Champleurer (Champlévrier), et de Jean Le Bourgoin son frère; or la filiation suivie et prouvée des deux branches commence en 1340, et les noms de leurs premiers auteurs sont les mêmes que ceux des deux frères de la charte de 1372. Quant à la diversité des armoiries, ce n'est point une preuve de diversité de famille; très-souvent les cadets prenaient des armes différentes de celles de l'aîné, et d'ailleurs les armoiries des familles n'ont été bien fixées qu'à la fin du XVe ou au commencement du XVIe siècle. Nous renvoyons, pour cette question, aux anciens traités de la noblesse et du blason, et particulièrement au *Trésor généalogique* du savant bénédictin D. Caffiaux.

(1) Le sceau de Jehan de Boutillat, chevalier de l'ordre du roi, seigneur de Resson, d'Ouy, etc. en 1573, portait trois barillets. (*Manuscrits* de Marolles.)

d'argent. Pl. XI. (Laîné, *Archives généalogiques de la Noblesse de France.*)

De Breschard, seigneurs d'Alligny, des Espoisses, de Toury-sur-Abron, de Lys, de Vallerot, de Saint-Pierre-en-Vaux, de Brinay, de Chauvenche, de Lanty, de Chaumont; barons de Bressoles (1); comtes de Breschard, originaires du Nivernais, en Bourbonnais et en Berry.

Armes.

D'azur, à trois bandes d'argent. Pl. XI. (*Histoire de Malte*, par Vertot.)

Le Breton, seigneurs d'Eugny, du Vandel, etc.

De Brinon, seigneurs de Thoury-sur-Besbre, de Beaunay, de la Mothe-Cheval, de Lives, originaires de Paris, en Bourbonnais et en Nivernais.

Armes.

D'azur, au chevron d'or et un chef denché de même. Pl. XI. (*Roy d'Armes.* — *Mémoires* de Castelnau.)

Brisson, seigneurs de Clamouse, de Gimouille, de Plagny, de Bazoche, de Ponteau, de Germigny, de Moulins, de Montalin, de Saincaize, de Salé, de Chavannes.

Armes.

D'azur, à la fasce d'or, accompagnée en chef d'un croissant d'argent, surmonté d'une étoile d'or, et en pointe d'une rose

---

(1) Raoul de Breschard, seigneur de Bressoles, premier baron du Bourbonnais, fut un des témoins de la charte de confirmation des priviléges de Souvigny, donnée en 1217 par Archambaud VIII, sire de Bourbon. (*Ancien Bourbonnais.*)

d'argent, boutonnée de gueules. Pl. XI. (*Armorial de la généralité de Moulins.*)

Du Broc, seigneurs du Nozet, de Veninges, de Lespiney, de Chabé, de Boisrond, de St.-Andelin, de Châlons, des Coques, de la Barre, de Livry, de Sermoise, de Seganges, originaires des Pays-Bas, en Nivernais et en Bourbonnais.

Armes.

De gueules, à deux lions d'or, couronnés de même, au chef cousu d'azur, chargé d'une rose d'argent accostée de deux molettes d'éperon d'or. Pl. XI. (Segoing, *Mercure Armorial.*)

Bruneau de Vitry, seigneurs de Poussery, du Tremblay, de Champlévrier; marquis de Vitry-sur-Loire.

Armes.

D'azur, à la fasce d'argent, chargée de trois merlettes de sable et accompagnée de trois étoiles du second émail. Pl. XI. (*Note communiquée.*)

De la Bussière, seigneurs de la Mothe, de Sembrêve, de Guerchy, de Charoy, de La Brachetière, de La Boissière, de Bois-Rétif, de Bois-de-Perche, de Jurreau, du Chillou; barons de La Bruère, en Berry et en Nivernais.

Armes.

D'azur, à une bande d'or, accostée de deux demi-vols abaissés de même et de deux étoiles d'argent, une au-dessus de chaque demi-vol (1). Pl. XI. (*Armorial de la généralité de Moulins.*)

---

(1) Une branche de cette famille, établie dans l'Orléanais, portait : *De gueules, au sautoir cantonné aux 1 et 4, de deux étoiles, et aux 2 et 3 de deux demi-vols, le tout d'or.* (*Armorial de la généralité d'Orléans.*)

CARPENTIER DE CHANGY, seigneurs de Vannes, de Fléchinet, de Waignon, de Berthier, de Crécy, de Marigny, de Ratilly, de Mâchy, de la Thuillerie, de Vanzé, de Courtois; comtes de Changy; baronnets anglais (1), Originaires du Cambrésis, en Flandres, en Nivernais et en Angleterre.

Armes.

D'azur, à l'étoile d'or, accompagnée de trois croissants d'argent (2). Pl. XI. (*Dictionnaire de la Noblesse.*)

DE CERTAINES, seigneurs de Villemolin, de Lâché, d'Hully, de Jonchery, de Monas, de Fricambault, de Milly, du Chemin, de Lafosse, de Touchery; comtes et marquis de Certaines, en Bourgogne et en Nivernais.

Armes.

D'azur, au cerf passant d'or. Pl. XI. (*Armorial de la généralité de Moulins.* — Vertot, *Histoire de Malte.*)

DE CERVON, seigneurs de Cervon.

Armes.

De. . . . . . . à trois lionceaux et une molette en abîme (3). Pl. XI. (*Manuscrits* de Marolles.)

DE CHABANNES (4), seigneurs de Vergers, de Sainte-

---

(1) Arrêt de maintenue de noblesse de 1669, signé par le roi.

(2) Les armes primitives de cette famille étaient *d'azur, au chevron d'or, accompagné de trois croissants d'argent;* le changement dans ces armoiries s'opéra au xve siècle.

(3) Nous donnons ces armoiries d'après le sceau de Guyot de Cervon, écuyer, seigneur de Cervon, qui vivait en 1391.

(4) Branche de l'illustre maison de Chabannes, établie en Nivernais par le mariage de François de Chabannes, comte de Saignes, seigneur de

Colombe, de Vuez, d'Apiry, de Trucy, de La Mothe-Feuilly, de Faye, de Vaux, du Chaillou; barons du Verger; marquis de Chabannes-du-Verger; titrés *cousins du roi;* pairs de France, originaires du Limousin, en Auvergne, en Bourbonnais et en Nivernais.

Armes.

De gueules, au lion d'Hermine, armé, lampassé et couronné d'or. Pl. XI. (*Histoire des grands officiers de la Couronne.*)

CHAILLOT, seigneurs de Lugny, de la Jarrie.

DU CHAILLOU, seigneurs du Chaillou, d'Estoulles, de Montperroux, etc.

Armes.

De. . . . . à une tête d'homme à dextre et une épée en pal à senestre (1). Pl. XI.

CHALLEMOUX, seigneurs du Chambon, de Vigniaux, de Marigny.

Armes.

D'azur, à trois gerbes d'or. Pl. XI. (*Dictionnaire de la Noblesse.*)

Boislamy et de Nozerolles, chevalier de l'Ordre du roi, fils aîné de Joachim et de Charlotte de Vienne, avec Valentine d'Armes, fille de François, seigneur du Verger, de Trucy et de Sainte-Colombe, et de Anne Bernard; cette alliance eut lieu en 1570, et porta dans la maison de Chabannes les terres du Verger, de Sainte-Colombe et de Trucy. François eut deux fils: Jacques, tige de la branche du Verger, encore existante en Nivernais, et Joachim, tige de la branche de Trucy, éteinte au commencement du XVIIIe siècle.

(1) Ces armoiries se trouvent au château du Chaillou et sur une pierre tombale dans l'église de St.-Cy; cette tombe offre, gravée au trait, la représentation d'un chevalier, avec cette inscription : CY.GIST.NOBLE

De Challent, seigneurs de Chaluy, de La Marche, d'Arzembouy.

Armes.

D'argent, au chef d'azur, et une cotice de gueules en bande brochant sur le tout. Pl. XI. (*La Toison d'Or*, par Maurice.)

Challudet, seigneurs de Boubry, de Brosseloir, du Magny, de St.-Léger, de la Maisonfort, d'Oyson, de la Borde; barons et vicomtes de Liffermeau, en Nivernais et à Orléans.

Armes.

D'or, au lion de gueules, au franc quartier d'azur, chargé d'une étoile d'or. Pl. XI. (*Mémoires* de Castelnau. — *Mercure armorial*, par Segoing (1).)

De Chaluraine.

Chambrun de Rosemont, seigneurs de Reugny, de Rosemont.

De Champlemy (2), seigneurs de Brinon, de Perchain, etc.

HOMME : JEHAN DU CHAILLO ESCUIER SEIGNEUR EN PARTIE..... : QUI TRESPASSA LAN DE L'INCAR:M:C:C:C:C:VIII:

(1) D'après ce même *Mercure armorial*, M. de Challudet, baron de Liffermeau, chargeait le franc quartier d'azur, d'une fleur de lys d'or.

(2) Il ne faut pas confondre cette famille, éteinte depuis fort long-temps, mais puissante au XIIIe et au XIVe siècle, avec une branche de la maison de La Rivière, qui a porté le nom de cette seigneurie. (*Titres de Nevers*, à la Bibliothèque royale.)

La seigneurie de Champlemy entra dans la famille de La Rivière, au commencement du XVe siècle, par le mariage de Philiberte, dame de Champlemy, fille de Jacques, seigneur de Perchain, et de Marguerite de Saigny-Sautres, avec Bureau de La Rivière, onzième du nom, chambellan

De Champrobert (1), seigneurs de Bouvesson, de la Chasseigne, de Cracheley, des Brulés, du Fossé, en Nivernais et en Bourbonnais.

De Champs, seigneurs de Milly, de Leugy, d'Achin, de Champs, de Champcourt, de Bussy, de St.-Léger-de-Fougeret, de Salorges, de Pesselières, de Mouset.

Armes.

D'azur, à cinq plantes de mandragore d'argent mal ordonnées, au franc quartier d'Hermine (2). Pl. XI. (*Généalogie aux titres de la bibliothèque royale. — Généalogie* de Courvol.)

De Chandioux, seigneurs de Chandioux, de Vaulx, en Nivernais et en Bourgogne.

Armes.

D'hermine, à la fasce de gueules. Pl. XI. (*Histoire du bon chevalier Jacques de Lalain.*) (3)

---

du roi et du comte de Nevers, gouverneur du Nivernais et du Donziois, en 1410, lequel périt à la bataille d'Azincourt. (*Tablettes Chronologiques, Historiques et Généalogiques*, v^e partie.)

(1) Cette famille n'a jamais porté que le nom de la terre de Champrobert, elle est distincte d'une branche de la famille Pierre, qui a été, et est encore connue sous le même nom.

(2) Nous ne savons pourquoi la famille de Champs a remplacé les plantes de mandragore de ses armoiries par des écrevisses.

(3) On lit au chapitre LXIII de cette histoire (éd. de Bruxelles, 1634) : « Qu'vn ieune escuyer du pays de Bourgongne, nommé Pierre de » Chandio, » vint le premier toucher l'écu de Jacques de Lalain, pour le combattre à Saint-Laurent-les-Châlons, en 1449. Plus loin, lors de la description du combat : « Ledict escuyer de Chaudio avoit par dessus son » harnois vne cotte d'armes vestue, qui estoit escartellée de Chandio et » de Beaufremont, et sont les armes de Chandio *d'hermines à une fasce* » *de gueules*, etc. »

De Changy, seigneurs de Changy, de Montigny-sur-Canne.

De Chargère, seigneurs de Tourny, du Grand-Mariés, de La Cœudre, du Guay, de Cardin, de Pomeray, de La Boutière, de Montigny, de Vaux, de La Goutte, de La Sapinière, de Magny, de Chigy, de Villars, de Charnay, de Morillon; barons de La Mothe-Marcilly; marquis du Breuil et de Chargère (1).

Armes.

D'azur, au lion léopardé d'or, lampassé de gueules, surmonté de trois trèfles d'argent, rangés en fasce. Pl. XI. (Vertot, *Histoire de Malte.*)

De Charry, seigneurs de Vuez, d'Arbourse, de Précy, de Lurcy-le-Bourg, de Jaligny, de Giverdy, de Fourviel, de Savoie; barons du Ryau; vicomtes de Beuvron; comtes de Charry; comtes et marquis des Gouttes, en Nivernais et en Bourbonnais.

Armes.

D'azur, à la croix ancrée d'argent. Pl. XII. (*Preuves de Cour*, aux titres de la bibliothèque royale. — Le Pippre de la Nœufville, *Abrégé chronologique de la maison du roi.* — D'Hozier.)

De la Chasseigne, seigneurs de la Chasseigne, de Rosemont, des Granges, d'Uxeloup, de Sermoise, de la Varière, de la Vesvre, de Luthenay.

Armes.

D'azur, à la fasce d'argent, chargée d'un lévrier courant de

---

(1) Les baronies du Breuil et de Chargère furent érigées en marquisat, en l'an 1670. (*Tablettes chronologiques*, etc.)

sable, colleté d'argent cloué de gueules, et accompagnée de trois glands d'or, posés deux en chef et un en pointe. Pl. XII. (*Armorial manuscrit du Nivernais.*)

De Chassy, seigneurs de St.-Hilaire, de Gondilly, des Nouettes, de Jailly, de Réveillon, de Crécy, du Marais; barons de Doys; marquis de Looze, en Berry, en Bourgogne et en Nivernais.

Armes.

D'azur, à la fasce d'or, accompagnée de trois étoiles de même. Pl. XII. (D'Hozier. — *Généalogie de Courvol.*)

De Chasteauvieux, seigneurs de Chasteauvieux, originaires de Bresse, en Nivernais.

Armes.

Écartelé : aux 1 et 4 d'azur, à une fleur de lys d'or; aux 2 et 3 d'azur, à trois fasces ondées d'or et une cotice de même brochant sur le tout, comme brisure. Pl. XII. (Paillot. — Guichenon, *Histoire de Bresse et de Bugey.*)

De Chasteauvillain, seigneurs de Luzy, de Semur en Brionnois, de Bourbon-Lancy, de Huchon, de Thil-sur-Arro, originaires de Champagne, en Bourgogne et en Nivernais.

Armes.

De gueules semé de billettes d'or, au lion de même brochant sur le tout. Pl. XII. (*Histoire des grands officiers de la Couronne.*)

De Chéry, seigneurs de Chéry, de Beaumont-sur-Sardolle, de Lacave, de Montgazon, de Poisson, de Chaillant, de la Loge, de Marolles, du Tremblay, de Lancray, d'Aglan, du Moulin-Porcher; barons de Neuvy et de Poiseux (1); marquis de Chéry, en Bourbonnais et en Nivernais.

Armes.

D'azur, au chevron d'or, accompagné de trois roses d'argent, boutonnées du second émail (2). Pl. II. (D'Hozier. — Vertot.)

De Chevenon, seigneurs de Chevenon, de Chezeaux, de Pacy, de Sermoise, de Puly, de Nigenne.

Armes.

D'argent, à la fasce de gueules, accompagnée de trois quintefeuilles de même et un cœur d'azur en pointe (3). Pl. XII. (*Histoire des grands officiers de la Couronne.*)

De Chevenon de Bigny (4), seigneurs de Valenay, de Cresincenay, de Neuvy, de St.-Amand, du Breuil-des-Barres, de Sennevois, de Villars, de la Gorce, de Meaulne; baron de Préveranges et du Roueix; comtes d'Aisnay-le-Vieil; marquis de Margival et de Bigny, originaires du Nivernais, en Bourbonnais et en Berry.

---

(1) Poiseux était une des quatre baronies de l'évêché de Nevers, les trois autres étaient Druy, Cours les Barres et Givry; les seigneurs de ces fiefs étaient obligés de porter l'évêque dans sa chaire pontificale, le jour de sa première entrée à Nevers.

(2) Dans l'armorial manuscrit de Guillaume Revel, à la bibliothèque royale, on trouve à la ville de *Sovinhi* (Souvigny), Pierre de Chéry qui crie *Chery!* et qui porte *d'azur, à une bande de gueules, chargée d'une étoile d'argent et accompagnée de trois roses de même*; le cimier est un buste de femme, coiffé d'un hennin.

(3) On retrouve ces armes, sculptées au xiv siècle, au château de Chevenon.

(4) L'ancienne famille de Bigny se fondit, en 1402, dans celle de Chevenon qui en prit le nom et les armes. (*Histoire des grands officiers de la Couronne.*)

Armes.

D'azur, au lion d'argent, à l'orle de cinq poissons de même (1). Pl. XII. (*Histoire des grands officiers de la Couronne.* — Vertot.)

DE CHEVIGNY, seigneurs de Lurcy-sur-Abron, de la Forest, de Chevigny.

Armes.

D'argent, au lion d'azur, armé et lampassé de gueules. Pl. XII. (*Manuscrits* de l'abbé de Marolles.)

LE CLERC DE FLEURIGNY, seigneurs de St.-Sauveur-en-Puisaye, de la Motte, de Luzarches, de Ferrières, de Hue, de Dicy, de Magny, de Périgny, de Villebon, de Villers, de Beauvoir, de Chaumont, de Sargines, de Vallières, de la Chapelle-sur-Arroux; barons de Cours-les-Barres, de la Forest-le-Roi, de Givry; comtes de Vignory; barons puis marquis de Fleurigny, en Gâtinais, en Nivernais, en Bourgogne et en Brie.

Armes.

De sable, à trois roses d'argent, au pal de gueules brochant sur la rose du milieu (2). Pl. XII. (*Histoire des grands officiers de la Couronne.* — *Histoire des chanceliers de France*, par Fr. Duchesne.)

---

(1) Le P. Anselme indique ces armoiries comme étant semées de poissons, mais nous remarquerons que sur les anciens sceaux on ne trouve jamais que cinq poissons; il en est de même sur le revers d'un jeton de Jean d'Albret-Orval, qui porte les armes de Claude de Bigny, seigneur d'Aisnay-le-Viel. (Voir notre article sur *un jeton inédit de Jean d'Albret-Orval*, dans l'*Almanach de la Nièvre de* 1847.)

(2) A dater de 1513, quelques membres de cette famille ont pu écarteler les armes de la maison de Fleurigny : *de sinople, au chef d'or, au lion de gueules brochant sur le tout*, à cause d'une alliance avec cette famille.

Le Clerc de Juvigny, seigneurs de l'Isle, de la Motte, de Juvay, de Beauretour, des Barres, de Sigogne, de Linan, de Juvigny, en Nivernais et en Bourgogne.

Armes.

D'azur, au chevron d'argent, chargé de deux lionceaux affrontés de sable, et accompagné, en chef de deux bustes de femme de carnation et en pointe d'une aigle d'argent (1). Pl. XII. (*Dictionnaire de la Noblesse.*)

Le Clerc du Tremblay, seigneurs d'Aunay, du Tremblay, de Nonneville; marquis du Tremblay, originaires de Château-Thierry, à Paris et en Nivernais.

Armes.

D'argent, au chevron d'azur, accompagné de trois roses de gueules. Pl. XII. (*Dictionnaire de la Noblesse.*)

De Clèves (2), seigneurs d'Asnois, d'Amazy, de Saligny, de St.-Germain-des-Bois.

---

(1) Telles sont les armes que porte la branche de Juvigny, établie en Nivernais depuis le commencement du xvi⁰ siècle, selon Lachesnaye des Bois, la branche aînée de Bourgogne portait *d'azur, au lion d'or, au chef cousu de gueules, chargé de trois bustes de femme de carnation, coiffés du second émail;* d'autres Leclerc, d'Auxerre, avaient supprimé l'un des bustes de femme pour y substituer une aigle éployée.

(2) Branche bâtarde légitimée de la maison de Clèves, issue d'Herman de Clèves, seigneur d'Asnois, d'Amazy et de Saligny, fils naturel de Jean, deuxième du nom, duc de Clèves, légitimé par lettres du roi Louis XII, données à Blois le 14 janvier 1506. Ce fut le fils de cet Herman, Jean de Clèves seigneur d'Asnois, qui fut tué dans l'église d'Asnois par Annibal de Salazar, pour les honneurs de l'église; l'un étant seigneur des vêpres, l'autre de la messe. (Voir le récit de cette querelle dans *Née de la Rochelle.*)

Armes.

Écartelé : aux 1 et 4 de gueules, au ray d'escarboucle fleurdelysé d'or, enté en cœur d'argent, à l'escarboucle de sinople, qui est de *Clèves* ; aux 2 et 3 d'or, à la fasce échiquetée d'argent et de gueules de trois traits, qui est de *La Mark* ; et un filet de sable brochant en barre sur le tout, comme brisure. Pl. XII. (*Mémoires* de Castelnau.)

Coinctet, seigneurs de Châteauverd, de Filain.

Armes.

De sable, au sautoir d'argent et au chef d'or. Pl. XII. (*Album du Nivernais.*)

Du Coing, seigneurs d'Ascon, de Grateiz, de Marigny, de Latale, en Berry et en Nivernais.

Armes.

D'or, au chevron de gueules, chargé de trois coquilles du champ et accompagné de trois coings d'azur (1). Pl. XII. (*Éloge panégyrique de la ville de Bourges*, par le P. Labbe. — *Armorial de la généralité de Bourges.*)

Collesson, seigneurs de Fonty, de St.-Jean.

Armes.

D'argent, à trois flanchis ou petits sautoirs de sable, et une coquille de gueules en abîme. Pl. XII. (*Titres de la famille* de Bourgoing.)

Collin de Gévaudan, seigneurs de Saint-Priest, de La

---

(1) Une note manuscrite de l'exemplaire de l'*Histoire des Présidents à mortier*, de Blanchard, qui est au cabinet des manuscrits de la Bibliothèque royale, donne les armes de cette famille : *D'azur à trois coings d'or, tigés et feuillés de même.*

Poivrière, de Reillat, du Montet, du Bouchet; comtes de Gévaudan, originaires du Bourbonnais, en Bourgogne et en Nivernais.

Armes.

D'azur, au sautoir d'argent, chargé en cœur d'une aigle de sable, et accompagné en pointe de trois tiges de lys du second émail. Pl. XII. (*Note communiquée.*)

Des Colons, seigneurs de Demeurs, de Gondière, de Contres, de La Buffière, de Villecourt, etc.

Armes.

D'azur, à la fasce d'or, accompagnée de trois canettes de même, deux en chef et une en pointe. Pl. XII. (*Armorial manuscrit du Nivernois.*)

De Comeau, seigneurs de Pont-de-Vaux, de Marly, d'Urly, de Lochère, de Beaune, de Thoisy, de Chassenay, de la Choselle; comtes de Créancy, originaires de Bourgogne, en Nivernais.

Armes.

D'azur, à la fasce d'or, accompagnée de trois étoiles à six rais cometées d'argent. Pl. XII. (*Dictionnaire de la Noblesse.*)

Coquille, seigneurs de Romenay, de Beaudéduit, du Four, de la Roche, de la Douère, des Epoisses, des Aubus, de Roche, de Grenay, de Savigny, du Marais, de Bissy, d'Ougny, de Stains, de Malline.

Armes.

D'azur, au mât alaisé d'argent, accompagné de trois coquilles d'or (1). Pl. XII. (*Dictionnaire de la Noblesse.*)

(1) Telles sont les armes de la branche de cette famille existante aujourd'hui, mais il est probable que les armoiries primitives se composaient

DE CORBIGNY, seigneurs d'Azy.

Armes.

D'azur, à trois corbeilles d'or. Pl. V. (Paillot. — *Le Blason*, par le P. Duval.)

DE COSSAY, seigneurs de Lurbigny, de Chaumigny, de Challement, de Beaune, de Beauvoir, de Saint-Germain.

Armes.

D'argent, à la fasce de sable, accompagnée de trois tourteaux d'azur. Pl. XII. (*Manuscrits* de Marolles. — *Mémoires* de Castelnau.)

COTIGNON, seigneurs de la Motte-Cotignon, de Leutcoins, de Villacot, de la Charnaye, de Chauvry, de la Fosse, de la Chamve, du Breuil, de Mogée, de Mouësse; vicomtes de Montreuil et de Bernay.

Armes.

D'azur, au sautoir d'or, accompagné en chef d'une molette de même (1). Pl. XIII. (*Armorial de la généralité de Moulins.* — *Généalogie aux titres de la Bibliothèque royale.*)

---

de trois coquilles seulement; on les retrouve ainsi dans plusieurs endroits de l'église de Decize, notamment sur un rétable, enfoui dans la crypte, qui, à en juger par les coquilles et les croix ancrées dont il est orné, a dû être donné par les parents de Guy Coquille (sa mère était de la famille de Bourgoing, qui porte pour armes une croix ancrée); maintenant Guy Coquille lui-même nous donne à entendre par ce vers d'une épigramme latine sur sa famille

Anchora cum Conchâ Nostræ duo Stemmata gentis

Que ses armoiries portaient une ancre et une coquille, il avait sans doute pris cette ancre comme brisure; il en est de même du chevron qui accompagnait les trois coquilles, dans l'écusson des Coquille établis aux colonies, dont est issu le général Coquille Du Gommier, et du mât alaisé des armes que nous donnons ici.

(1) On trouve quelquefois une étoile, à la place de la molette.

DE COURVOL (1), seigneurs de Corvol-l'Orgueilleux, de Corvol-Dam-Bernard, du Tremblay, de Lurcy, des Aubus, de Bazolle, d'Issenay, de Poussery, de Faveray, de Thaix, de Montaron, de Chatenois, de Moulins, de St.-Gervais-lès-Verneuil, de Thomery, de St.-Michel-en-Longue-Salle, de Montas, de Champeaux, d'Herry, de Grandvaux, de Lucy.

Armes.

De gueules, à la croix ancrée d'or, cantonnée en chef de deux étoiles d'argent. Pl. XIII. (*Dictionnaire de la Noblesse.* — Durand, *Armoiries des Gentilshommes qui ont assisté aux Etats de Bourgogne.*)

DE CRÉCY, seigneurs de Venarrey, des Laumes, de Mentreux, de Visery, de Lantilly, en Bourgogne et en Nivernais.

Armes.

D'argent, au lion de sable, couronné d'or, armé et lampassé de gueules. Pl. XIII. (Courcelles.)

DU CREST, seigneurs de Vaux, de Ponay, de Valette, de Montigny, de Chigi, de Monfou, de Beaumont, de Chevannes, du Breuil, de Saint-Michel, de Vandenesse, de Sailly, de St.-Aubin-sur-Loire, originaires de Bourgogne, en Nivernais.

Armes.

D'azur, à trois bandes d'or, et un chef d'argent, chargé d'un

---

(1) De Corvol, de Corval, de Courvoult (de Corvallis, de Corvollis) dans les titres anciens, au xviiie siècle, la famille a adopté l'orthographe que nous suivons ici, à tort selon nous.

lion issant de sable, lampassé, armé et couronné de gueules. Pl. XIII. (D'Hozier.)

Du Creuset de Richerand, seigneurs de Chevenon, de Rayneri. (Béthancourt, *noms féodaux.*)

De la Croix, seigneurs de Fleury-sur-Loire, de Vauclaix, de La Croix, originaires du Nivernais, à Bordeaux.

Armes.

D'argent, à la croix alaisée d'azur, surmontée d'un lion de gueules. Pl. XIII. (*Dictionnaire de la Noblesse.*)

De Crux, seigneurs de Crux (1), de Montigny-aux-Amognes, de Sardy-lès-Epiry, de Latour-Loran; vicomtes de Druy, en Nivernais et en Bourgogne.

Armes.

D'or, à trois fasces de vair et un chef d'hermine. Pl. XIII. (Courcelles.)

De Damas, seigneurs de Marcilly, de Montagu, de Saint-Parize, de Denain, de Champléger, de Fleury-la-Tour, de Poigny, de Châtillon, de Montigny-aux-Amognes, de La Colancelle; barons de Digoine; vicomtes de Druye et de Châlons; comtes de Crux, de Chalancey, de

---

(1) Seigneurie importante des vaux de Montenoison dont était seigneur, au XIVe siècle, Erard de Crux, seigneur de Montigny-aux-Amognes, chambellan du duc de Bourgogne; sa fille aînée Philiberte épousa, par contrat du 31 juillet 1362, Hugues Damas, troisième du nom, seigneur de Marcilly, à qui elle apporta en dot la terre de Crux; une branche de la maison de Damas en a pris le nom. L'abbé de Marolles, dans ses *Titres de Nevers*, décrit le sceau d'Erard de Crux en 1386 : ce sceau portait un guerrier à cheval, dont l'écu était à trois fasces et au chef composé.

Sassangy et de Lys; marquis de Thianges, d'Anlezy, de Marcilly, de Dyo, du Vaux-de-Chizeuil, de Montperroux et de Roquefeuil; barons, comtes, marquis et ducs de Damas; pairs de France, en Nivernais, originaires du Forez.

Armes.

D'or, à la croix ancrée de gueules (1). Pl. XIII. (*Histoire des grands officiers de la Couronne.*)

Du Deffend, seigneurs de Saint-Phal, de La Salle, du Tremblay; marquis de La Lande, de Châtres et du Deffend, en Nivernais et en Berry.

Armes.

D'argent, à la bande de sable, accompagnée en chef d'une merlette de même. Pl. XIII. (*Dictionnaire héraldique* de J. Chevillard. — Vertot, *Histoire de Malte.*)

De Digoine, seigneurs de Bonvert, de Savigny-sur-Canne, de Thianges, d'Arcy; barons d'Asnois-le-Bourg, en Charolais, en Bourgogne et en Nivernais.

Armes.

Échiqueté d'argent et de sable (2). Pl. XIII. (Coquille, *Histoire du Nivernais.* — Segoing.)

---

(1) Il y a eu, dans plusieurs branches de la maison de Damas, quelques différences d'armoiries; ainsi la branche des Marcilly a porté pour brisure, d'abord une cotice en bande brochant sur la croix, puis un croissant sur la croix; la branche de Digoine écartela de *Digoine*, et celle de Thianges, de Rochechouart; la branche de Montagu brisa d'un filet en bande, fleurdelysé à la partie supérieure; enfin, la branche de Morande et de Cormaillon porta : *D'argent, à la hie de sable, accompagnée de six roses de gueules en orle.* (Voir l'excellente généalogie de la maison de Damas, dans le ive volume des *Archives de la noblesse de France*, par M. Lainé, le *Catalogue des archives Joursanvault*, etc.)

(2) Voir aux Archives du royaume, *Titres de Nevers* (J. 256), une charte

Doibt, seigneurs de Rabotin ; barons de Poyseux.

Armes.

D'argent, à trois feuilles de houx de sinople, au chef d'azur, chargé de trois étoiles d'or. Pl. XIII. (*Armorial manuscrit du Nivernois.*)

Dollet, seigneurs de Chassenet, de Solières, de Varennes-lès-Nevers.

Armes.

D'azur, au sautoir d'or. Pl. XIII. (*Armorial de la généralité de Moulins.*)

Doreau, seigneurs de Traveau, de Chavannes, de Sallé, de Blanzy, de Courcelles, d'Asnan.

Armes.

D'azur, à la fasce d'or, accompagnée en chef d'un pélican d'argent, sa piété (1) de gueules, et en pointe d'une rose d'argent. Pl. XIII. (*Armorial manuscrit du Nivernois.*)

De Dornes, seigneurs de Dornes, de Saint-Parize-en-Viry, de la Quenoille ; barons de Retz.

Armes.

D'azur, au chevron, accompagné en pointe d'une étoile et un chef denché, le tout d'or. Pl. XIII. (Courcelles.)

---

du 29 mars 1241, par laquelle Guillaume de Digoine (Guillelmus de Dygonia) rend hommage à Mahaud, comtesse de Nevers ; à cette charte est appendu un sceau représentant un chevalier armé de toutes pièces, monté sur un cheval dont la housse est échiquetée.

(1) Le pélican, dans les armoiries, est représenté de profil sur son aire, les ailes étendues comme s'il prenait l'essor, se becquetant la poitrine pour nourrir ses petits au nombre de trois. Les gouttes de sang qui semblent sortir de sa poitrine, quand elles sont d'un autre émail que l'oiseau, se nomme *piété*.

DE DREUILLE, seigneurs de Dreuille, de La Lande, d'Avril-sur-Loire, d'Issard, de Lorgue, de Chéry, d'Orsenay, de La Garenne, de La Croix, du Vernoux, de Bloux, de La Barre, de Lurcy-sur-Abron, de Chailly; comtes de Dreuille, originaires du Bourbonnais, en Nivernais.

Armes.

D'azur, au lion d'or, couronné de même. Pl. XIII. (*Armorial de la généralité de Moulins.* — Vertot.)

DE DRUY, seigneurs d'Avril, de Druy, du Marest, du Chazault, de Montplaisir.

Armes.

De gueules, à la fasce d'argent, accompagnée de trois canettes de même. Pl. XIII. (*Armorial de la généralité de Moulins.*)

DUPIN, seigneurs de Cœurs (1), de Courcelles, de Ferrières; barons Dupin, pairs de France.

Armes.

D'azur, à trois coquilles d'or. Pl. XIII. (*Généalogie de Courvol.*)

DE L'ESPINASSE, seigneurs de Changy, de Maulévrier, d'Esnon, de Thory, de Sévignon, de Champallement, de Saint-André; barons de Combronde, de Saint-Ilpize et de

---

(1) Le château de Cœurs fut vendu, en 1670, par les Lamoignon à noble J.-J. Dupin, avocat au parlement, lieutenant de la châtellenie de Varzy; de lui sort la branche des Dupin de Cœurs, qui a donné plusieurs hommes marquants, et en dernier lieu ces trois frères dont je n'ai pas besoin de rappeler ici la célébrité, et que notre Nivernais est si fier de compter parmi ses enfants.

Jaligny; sires et barons de La Clayette; comtes et marquis de Langeac et d'Arlet; sires et barons de l'Espinasse, originaires du baillage de Semur – en – Brionnais, en Auvergne, en Bourbonnais, en Champagne et en Nivernais.

Armes.

Fascé d'argent et de gueules de huit pièces. Pl. XIII. (*Armorial de la généralité de Moulins.*)

D'Estutt de Tracy, seigneurs d'Assé, de St.-Pierre, de Paray-le-Fraisil; comtes et marquis de Tracy, originaires d'Ecosse, en Nivernais et en Bourbonnais.

Armes.

Écartelé: aux 1 et 4 d'or, à trois pals de sable; aux 2 et 3 d'or, au cœur de gueules. Pl. XIII. (*Dictionnaire de la Noblesse.* — Vertot, *Histoire de Malte.*)

De Favardin, seigneurs de La Mothe.

Armes.

D'azur, à la bande d'argent, chargée de trois mouchetures d'hermine de sable et accostée de deux cerfs d'or, passant dans le sens de la bande, un en chef et l'autre en pointe. Pl. XIII. (*Armorial manuscrit du Nivernois.*)

Flamen d'Assigny, seigneurs d'Assigny, du Coudray.

Armes.

D'azur, à deux lions d'or. Pl. XIII. (Paillot, *Science des Armoiries.*)

De la Forest (1).

Armes.

De gueules, au chevron d'argent, accompagné de trois croix ancrées de même. Pl. XIV. (*Généalogie de* Courvol.)

Forestier, seigneurs de Serée, de La Grange, de Loiselot, de Chalevrin, de Villers-le-Comte, du Fort-de-Lanty, des Granges, originaires de Flandre, en Artois et en Nivernais.

Armes.

D'or, au chevron de gueules, accompagné de trois glands de sinople, tigés et feuillés de même. Pl. XIV. (*Dictionnaire de la Noblesse.*)

Foucher, seigneurs de Sallé, de Latour, de Chaumasson, de Livry, de Laforest, en Berry et en Nivernais.

Armes.

D'azur, à une fasce engrelée d'or, accompagnée de trois étoiles de même. Pl. XIV. (*Armorial de la généralité de Bourges.* — Pallet, *Nouvelle histoire du Berry.*)

Foulé, seigneurs d'Angely, de Prunevaux, de Nolay, de Martangy, en Nivernais et en Bourbonnais.

Armes.

D'argent, à la fasce de gueules, chargée de trois pals d'azur brochant sur le tout, et accompagnée de six mouchetures d'hermine, quatre en chef et deux en pointe, entre les pals. Pl. XIV.

---

(1) Grégoire de la Forest était, en 1414, grand bailli du Nivernais. (*Inventaire de Nevers.*)
Les manuscrits de l'abbé de Marolles parlent d'une famille de ce nom dont les armes étaient *d'or à trois feuilles de chêne de sinople.*

(J. Chevillard, *Dictionnaire héraldique*. — *Dictionnaire de la Noblesse*.)

Du Four, seigneurs de Villars, du fort de Lanty, de la Forest.

Armes.

D'azur, au chevron d'or, accompagné en chef de deux tours d'argent, et en pointe d'un oiseau de même. Pl. XIV. (*Armorial manuscrit du Nivernois*.)

Frappier *alias* le Frappier, seigneurs d'Alligny, de St.-Martin.

Armes.

D'or, à trois tours de gueules, mal ordonnées (1). Pl. XIV. (*Armorial de la généralité de Bourges*.)

—

Galaix, seigneurs d'Isle, de Morny.

Armes.

D'azur, au coq d'argent, becqué, barbé, crété et membré de gueules, sur une terrasse de sinople. Pl. XIV. (*Armorial de la généralité de Moulins*.)

Gallope.

Armes.

D'argent, à la fasce de gueules, chargée d'une rose du champ et accompagnée de trois grappes de raisin d'azur (2). Pl. XIV. (*Dictionnaire de la Noblesse*.)

---

(1) Quelquefois les tours sont d'or, sur champ de gueules.
(2) La bordure engrelée de gueules, indiquée par Lachesnaye des Bois dans la description des armoiries de Nicolas Gallope, conseiller au grand

De Ganay, seigneurs de Chassenay, de Savigny, de Balmont, de Lusigny, de Bellefonds, de Montauglan, de Persan, des Champs, de la Bussière, de Chaumont, d'Orcilly, du Pavillon; marquis de Ganay, en Nivernais et en Bourgogne.

Armes.

D'or, à l'aigle mornée de sable (1). Pl. XIV. (Gastelier de la Tour, *Dictionnaire héraldique*. — Vertot.)

Garnier, seigneurs de Travan.

Armes.

Écartelé : aux 1 et 4 de sable, à une fleur de lys d'argent, et une bordure componée de gueules et d'argent; aux 2 et 3 d'azur, à trois vans renversés d'or. Pl. XIV. (*Armorial manuscrit du Nivernois.*)

Gascoing, seigneurs de Demeurs, de la Belouse, de Bertung, de la Porte, de Villette, du Féry, de Croisy, de Lavau, de Bernay, de Carcot, du Colombier.

Armes.

D'argent, à trois grappes de raisin d'azur, tigées et feuillées de sinople. Pl. XIV. (*Roy d'Armes* du P. de Varennes.)

Le Gentil.

Armes.

De sinople, à l'aigle d'argent, armée, becquée et couronnée de gueules, tenant de sa serre droite une épée ondée de même. Pl. XIV. (*Roy d'Armes.*)

conseil, puis au parlement de Paris en 1575, n'est autre chose qu'une brisure et ne fait pas partie des armoiries de la famille.

(1) Jean de Ganay, chancelier de France en 1507, portait : *d'argent, à la fasce de gueules, chargée de trois roses d'or 2 et 1, accostées de deux coquilles*

DES GENTILS, seigneurs de Lamenay, de Cossay; barons de Bessay et de Lucenay.

Armes.

De sable, à l'aigle d'argent, couronnée d'or et une bordure d'argent, chargée de huit croisettes patées du champ. Pl. XIV. (Vertot, *Histoire de Malte.*)

GIRARD, seigneurs de Bellombre, de Boisjardin, d'Azy, de Bazoches, de Passy, de Martinges; comtes de Villetaneuse; marquis de Pezannes, en Nivernais et en l'Ile-de-France, originaires de Languedoc.

Armes.

Losangé d'argent et de gueules. Pl. XIV. (D'Hozier. — Marquis d'Aubais, *Jugements sur la Noblesse du Languedoc.*)

GIRARD DE VANNES, seigneurs de Vannes, de Vaux, de Vaucloix, de Sermoise, de Saint-Parize-le-Châtel, de Boise, de Sully, de Bussoy, de Chevigny, des Chamons, de Charnoy, de Lavaud, de Verdoux, etc.

Armes.

D'argent, au cœur de gueules, soutenu d'un croissant de même, au chef de sable, chargé de trois roses d'or (1). Pl. XIV. (*Armorial de la généralité de Moulins.*)

---

de même, le tout sur ladite fasce. (*Histoire des chanceliers de France*, par Fr. Duchesne.) Plus tard quelques membres de cette famille ajoutèrent une aigle mornée de sable en chef, de là sans doute l'écusson actuel de la famille.

(1) On distingue encore ces armoiries, mais avec quelques différences dans les émaux, sur la litre funèbre intérieure de l'église de Jaugenay, convertie en grange, depuis la suppression de cette paroisse.

GOURDON.

Armes.

D'azur, au chevron d'argent, accompagné de trois calebasses d'or. Pl. XIV. (*Dictionnaire de la Noblesse.*)

DES GOUTTES, seigneurs de La Salle.

DE LA GRANGE D'ARQUIEN, seigneurs de Montigny, de Vesvres, de la Reculée, de Chaumoy, des Barres, de Berchères, de Sery, de Beaumont, des Bordes, de Prie, d'Imphy, de Villedonné, de la Grange, du haut et du bas-Fouloy; vicomtes de Soulangy; comtes de Maligny; marquis d'Espoisses, de Bréviandes et d'Arquien, originaires du Berry, en Nivernais et en Champagne.

Armes.

D'azur, à trois ranchiers (1) d'or, et un écusson de sable, à trois têtes de léopard d'or, qui est de *Guytois*, en abîme, comme brisure pour la branche d'*Arquien*. Pl. XIV. (*Dictionnaire de la Noblesse.* — Courcelles, *Dictionnaire universel de la Noblesse de France.*)

DE GRANTRIS *alias* GRANDRY, seigneurs de Chouvance, de Bresme, de Cuncy, de la Montagne, de Ferrières, de Mont, de Grand-Champ, de Monceaux.

Armes.

D'argent, à trois trèfles de sinople. Pl. XIV. (*Roy d'Armes.* — *Armorial manuscrit du Nivernois.* — *Généalogie de* Courvol.)

---

(1) « Messire François de la Grange, baron de Montigny, maréchal de
» France l'an 1616. D'azur à trois ranchiers courants d'or; cet animal est
» plus grand que le cerf: toutefois il lui ressemble, excepté qu'il a les
» cornes merveilleusement grandes, larges, plates et presque comme
» celles des daims, ils sont comme les cerfs d'une très-longue vie. »
(Vulson de la Colombière.)

GRÈNE.

Armes.

De gueules, au chevron d'argent, accompagné de trois épis de bled d'or. Pl. XIV. (Segoing.)

DE GRIVEL, seigneurs de Saint-Aubin, de Grossouvre, du Grand-Vau, de Montcoublin; vicomtes d'Entrains; comtes et marquis d'Ourouër; marquis de Pesselières, originaires du Bourbonnais, en Nivernais et en Berry.

Armes.

D'or, à la bande échiquetée de sable et d'argent de deux traits. Pl. XIV. (Paillot. — *Preuves de Malte, à la bibl. de l'Arsenal.*)

GUDIN, barons et comtes Gudin.

Armes.

D'argent, au coq au naturel, soutenu d'un croissant d'azur et surmonté de trois étoiles de gueules, rangées en chef; au franc quartier d'azur, à l'épée haute d'argent, garnie d'or. Pl. XV. (*Armorial général de l'empire Français*, par Henri Simon.)

GUENEAU, seigneurs de Macé.

Armes.

D'argent, au chef d'azur, chargé de trois étoiles d'or. Pl. XV. (*Armorial de la généralité de Moulins.*)

GUILLAUME DE SERMIZELLES, seigneurs de Quemigny, de Lautreville, de Villars-le-Comte, d'Orbigny, de Pressigny, de La Brosse-Conches, de Moissy, de Moulinot, du Meix-Richard, de Chitry-Montsabot, de Fins, du Bouchet, de Sermizelles, en Bourgogne et en Nivernais.

Armes.

D'azur, à la croix patée d'or, embrassée dans deux palmes de même, jointes par le bas. Pl. XV. (*Armoiries des gentilshommes qui ont assisté aux Etats de Bourgogne. — Armorial de la généralité de Bourgogne.*)

Guillemin, seigneur de la Mosle.

Armes.

D'argent, à la bande ondée d'azur, chargée de trois étoiles d'or. Pl. XV. (*Armorial manuscrit du Nivernois.*)

Guillier.

Armes.

D'azur, à deux branches de guy d'argent, liées d'or. Pl. XV. (*Armorial de la généralité de Moulins.*)

Guynet (1).

Armes.

D'azur, à une branche de chêne d'or, glantée d'argent, portant une branche de guy du second émail. Pl. XV. (*Armorial de la généralité de Moulins.*)

Guyot, seigneurs des Bœufs, de Saint-Amand, du Chesne, de Chénisot.

Armes.

D'argent, à trois guyots posés en fasce, celui du milieu contourné, et une mer ondée en pointe, le tout d'argent (2). Pl. XV. (*Dictionnaire de la Noblesse.*)

---

(1) Cette famille a donné des échevins à Nevers, dès les premières années du xvie siècle. (*Archives de Nevers.*)

(2) Chésot de Montigny donne pour armes à la branche de Chénisot :

HINSSELIN, seigneurs de Moraches, de Chasy, du Bouquin, d'Asnoy.

Armes.

D'azur, à la fasce d'argent, chargée d'une molette de sable, et accompagnée de trois têtes de léopard d'or, rangées en chef. Pl. XV. (D'Hozier.)

HODENEAU DE BRÉVIGNON, seigneurs de Brévignon, de Bonneaux.

Armes.

D'azur, au chevron d'or, accompagné de trois étoiles de même. Pl. XV. (*Armorial général de* d'Hozier.)

D'HUBANT, seigneurs d'Hubant.

D'IMBERT (1), originaires du Nivernais, en Languedoc.

Armes.

Écartelé : aux 1 et 4 d'argent, au chevron de gueules, accompagné de trois anilles de sable ; aux 2 et 3 de gueules, à trois molettes d'éperon d'or, qui sont les armes de *La Platière-Bourdillon*. Pl. XV. (Courcelles.)

DES JOURS, seigneurs du Monceau, de Villette, de Montmartin, de Pommeray ; comtes de Mazille.

De gueules, à la mer d'argent, surmontée de trois poissons de même, rangés en fasce l'un sur l'autre, celui du milieu contourné, écartelé de gueules à trois mâcles d'or. Dans l'Armorial gravé de la ville de Paris, l'écartelure est différente, ce sont trois flambeaux d'argent sur un champ de sable.

(1) Badier, continuateur de Lachesnaye des Bois, dit cette famille originaire du Nivernais et issue d'Alexis Imbert de La Platière, neveu du maréchal de Bourdillon.

Armes.

D'or, au lion d'azur, au chef échiqueté d'or et d'azur de trois tires (1). Pl. XV. (Courcelles.)

DE LAMOIGNON, seigneurs de la Chanai, de Nannai, des Advits, de Champromain, de Viel-Mannai, de Grandpré, de Laleuf, de Rivière, de Montifault, de la Brosse, de Mects, de Blancmesnil, de Malesherbes, de Montrevaux, de Cérisay ; barons de Saint-Yon et de Bohardy ; comtes de Launey-Courson ; marquis de Basville et de la Motte ; vicomtes de Lamoignon ; pairs de France, originaires du Nivernais, à Paris et en Beauce.

Armes.

Losangé d'argent et de sable, au franc quartier d'hermine, et par concession royale, accordée en 1817, un écusson d'azur chargé d'une fleur de lys d'or, en abîme (2). Pl. XV. (*Dictionnaire de la Noblesse.* — Courcelles, *Histoire généalogique des pairs de France.*)

DE LANGE, seigneurs de Lange, de l'Échenault, de Saint-Claude, de Saint-Aubin, de la Motte-Lange, de Chevenon, de Marcy, de Guérigny, de Chardonnières, de la Croix-Rousse (faubourg de Lyon) ; barons de Villemenan ; marquis de Château-Renaud, en Nivernais et en Lyonnais.

(1) C'est par erreur que l'*Armorial manuscrit du Nivernois* leur donne pour armes: *d'argent, à trois trèfles de sinople, et une larme de sable en abîme*, ces armoiries sont celles de la famille de Grantris, avec une brisure.

(2) Selon le *Dictionnaire de la Noblesse*, le franc quartier d'hermine qui figure dans les armoiries des Lamoignon, aurait été pris, au milieu du xive siècle, par Michel Lamoignon, à cause des armoiries de Jeanne d'Anlezy sa mère, (voir l'article *Anlezy*). *Le Roy d'Armes* du P. de Varennes décrit faussement les armes des Lamoignon : *d'argent, à trois hermines de sable, écartelé d'argent, fretté de sable de six pièces.*

8.

Armes.

D'azur, au croissant d'argent, surmonté d'une étoile de même. Pl. XV. (*Dictionnaire de la Noblesse.* — Vertot.)

DE LANTY, seigneurs de Lavaux, de Maulaix, de Chamoy, de Lanty.

Armes.

D'argent, à la fasce de gueules, accompagnée de cinq merlettes de même, trois en chef et deux en pointe. Pl. XV. (*Manuscrits de* Marolles.)

DE LAS, seigneurs de Valotte, de Chérault, de la Loge, de Tonnin, de Chandon, de Lanceray, de Monceau.

Armes.

De sable, à trois coquilles d'argent. Pl. XV. (*Dictionnaire de la Noblesse.*)

DE LAVENNE, seigneurs de Pinancourt, de Sauvancourt, de Courceville, de Versan, de Brevi, de la Palluce, de Beaulieu, des Advits, des Vergers, d'Olcy, des Perriers, de la Montoise, de Sanizy, de Sichamps ; comtes de Choulot, originaires de Bretagne, en Nivernais.

Armes.

D'azur, à deux lions d'or affrontés, soutenant un cœur de gueules, surmonté d'une couronne d'or, accostée de deux étoiles d'argent. Pl. XV. (*Armorial de la généralité de Moulins.*)

DE LEUGNY, en Bourgogne et en Nivernais.

Armes.

D'azur, à sept billettes d'or, 3, 3, 1 et trois quintefeuilles de même, posées 2 et 1. Pl. XV. (Vertot, *Histoire de Malte.*)

DE LICHY DE LICHY, seigneurs de Parigny-sur-Sardolle, de l'Ile, de Grand-Champ, de Chevroux; comtes et marquis de Lichy, en Nivernais et en Bourbonnais.

Armes.

D'azur, à la bande d'argent, accostée de trois losanges d'or, 2 en chef et 1 en pointe. Pl. XV. (*Armorial de la généralité de Moulins.*)

DE LORON, seigneurs de Domery-sur-Chores, de Servon, de Chantereau, du Chaillou, de Tharost, de Villaines, de Ferrières; barons de Limanton, en Nivernais et en Bourgogne.

Armes.

De sable, à une fasce d'argent. Pl. XV. (*Dictionnaire de la Noblesse.*)

DE LUCENAY, seigneurs de Sanzay, de la Tour de Chevenon, de Rigny, de la Jarrie, de Parzy.

Armes.

De gueules, à trois têtes de léopard d'or. Pl. XV. (Paillot.)

DE LUZY (1), seigneurs de Luzy, originaires du Nivernais, en Velay et en Forez.

Armes.

De gueules, au chevron d'argent, accompagné de trois étoiles d'or. Pl. XVI. (*Dictionnaire de la Noblesse.*)

---

(1) Ancienne famille du Nivernais qui prit son nom de la petite ville de Luzy, la branche aînée s'éteignit vers le milieu du XIIIe siècle, en la personne de Jeanne de Luzy, femme de Jean de Chasteauvillain; des branches cadettes de cette famille ont habité le Velay et le Forez. Leurs armes se voyaient dans la chapelle du château de Luzy.

Du Lys, seigneurs de Jailly, de Montinault, du Peschin, de la Plastrière, de Sichamps, de Chollot; barons de Poyseux.

Armes.

D'azur, à trois chiens courants d'or, l'un sur l'autre, et une fleur de lys de même en chef. Pl. II. (*Roy d'Armes.*)

—

DE LA MAGDELAINE DE RAGNY, seigneurs de la Magdelaine, de Courcelles, de Coulanges, d'Epiry, de Saint-Emilian; barons de Marcilly et de Couches; marquis de Ragny, en Beaujolais et en Nivernais.

Armes.

D'hermine, à trois bandes de gueules, celle du milieu chargée de cinq coquilles d'or et les deux autres de trois de même (1). Pl. XVI. (*Histoire des grands officiers de la Couronne.*)

DE MARAFIN, seigneurs des Notes, de Rochecot, de Viel-Mannay, de Garchy, de Viel-Moulin, de Boutaux, de Puisac, originaire de Touraine, en Champagne et en Nivernais.

Armes.

De gueules, à la bande d'or, chargée d'un croissant de sable en chef (comme brisure, pour la branche du Nivernais,) et

---

(1) François de la Magdelaine, marquis de Ragny, gouverneur du Nivernais, fait chevalier du St.-Esprit en 1595, portait *écartelé : au 1 d'hermine, à trois bandes de gueules, celle du milieu chargée de cinq coquilles d'or et les deux autres de trois, qui est de* La Magdelaine ; *au 2 d'or, à la croix ancrée de gueules, qui est de* Damas ; *au 3 de gueules, à trois bandes d'argent, qui est de* Clugny ; *au 4 bandé d'or et d'azur de six pièces, à la bordure de gueules, qui est de* Bourgogne ancien.

accompagnée de six étoiles d'or, mises en orle (1). Pl. XVI. (*Histoire des grands officiers de la Couronne.*)

MARAUDE, seigneurs de Berlière.

Armes.

D'azur, au chevron d'or, accompagné de trois roses d'argent. Pl. XVI. (*Armorial manuscrit du Nivernois.*)

DE MARCELANGES, seigneurs de la Grange, de Cossay, de la Motte-Marceau, de Launay, de Ris, de Ferrières, de Marcelanges, en Bourbonnais et en Nivernais.

Armes.

D'or, au lion de sable, couronné, lampassé et armé de gueules. Pl. XVI. (*Dictionnaire de la Noblesse.*)

DE MARCHANGY.

Armes.

D'azur, à la fasce d'or, accompagnée en chef de deux étoiles d'argent et en pointe de trois arbres de sinople. Pl. XVI. (Saint-Allais.)

DE LA MARCHE, seigneurs de la Marche.

LE MARÉCHAL, seigneurs de Semry.

Armes.

D'azur, à deux lions affrontés d'or, soutenant un triangle de même. Pl. XVI. (*Armorial manuscrit du Nivernois.*)

MARION, seigneurs du Rosay, de Massonvilliers, de Villeneuve, de Givry, de la Mosle; marquis de Courcelles; barons et comtes de Druy (2).

---

(1) Ces armes se voient au château de Viel-Moulin ou Vieux-Moulin, et dans l'église de Mannay.

(2) La baronie de Druy était la première des quatre de l'évêché de

Armes.

D'azur, au croissant d'argent, surmonté d'une étoile d'or (1). Pl. XVI. (*Dictionnaire de la Noblesse.*)

DE MASIN, seigneurs de la Bartrie, de Mailloc, de Bauval, de Cosne, de Cesseignes, de Dampierre; barons de Bouy; comtes de Valpergues, d'Arquien et de Masin, originaires du Piémont, en Nivernais.

Armes.

Fascé d'or et de gueules, à une tige de chanvre de sinople brochant sur le tout (2). Pl. XVI. *Revue historique de la Noblesse.* — Guichenon, *Histoire de la maison de Savoye.*)

MASLIN, seigneurs de la Motte, de Bourneuf.

Armes.

D'argent, à trois abeilles de sable. Pl. XVI. (*Armorial de la généralité de Moulins.*)

DE MAULNORRY, seigneurs de Nayford, de Romenay, d'Aubigny, de Dienne.

Nevers; elle fut érigée en comté par lettres-patentes d'octobre 1658, en faveur de Claude Marion, seigneur de Villeneuve et de Massonvilliers. (*Mémoires sur le département de la Nièvre.*)

(1) Presque toujours les armes de cette famille sont écartelées *d'or, à un chêne de sinople, terrassé de même;* toutefois, nous croyons cette écartelure particulière à la branche de Druy.

(2) Ces armes sont celles de la maison de Valparga de Piémont, tige des comtes de Masin établis en France; quelquefois cependant cette branche, comme cadette, a brisé les armoiries primitives en portant simplement : *D'or, à une tige de chanvre de sinople.*

Dans le Recueil d'armoiries manuscrit de Gilles le Bonnier, on trouve au nom *Valpergues* (en Dauphiné) ces armes : *Fascé d'or et de gueules de huit pièces, à trois tiges de chanvre de sinople, brochant sur le tout.*

Armes.

D'argent, à trois têtes de loup arrachées de sable, lampassées de gueules (1). Pl. XVI. (*Armorial de la généralité de Moulins.*)

DE MAUMIGNY, seigneurs de Boux, du Loron, de la Boue, de Saint-Michel-en-Longue-Salle, de Rivières, de Chevannes, de Riejot, de Verneuil, de Selines-sur-Loire; comtes de Maumigny.

Armes.

D'argent, au chevron de sable, accompagné en pointe d'une étoile de gueules, au chef cousu d'or (2). Pl. XVI. (*Armorial de la généralité de Moulins.* — Laîné, *Archives de la Noblesse de France.*)

DE MENOU, seigneurs de Boussay, de Sevenières, de Lougny, de Ménestreau, de Nanveignes, de Chiron, de la Forge, de la Roche-Alais, de Billy, de Champlivault, de Prunay-le-Gilly; barons de Pont-Château; comtes de Charnisay; marquis de Menou (3), originaires du Perche, en Berry, en Touraine, en Nivernais, etc.

Armes.

De gueules, à la bande d'or. Pl. XVI. (*Histoire des grands officiers de la Couronne.* — *Dictionnaire de la Noblesse.* — *Armorial manuscrit* de Gilles le Bonnier.)

(1) Ces armes se voient dans l'église ruinée d'Aubigny-le-Chétif, sur la tombe de *messire Claude Maulnori seigneur d'Aubigny*, *Romenay*, *Dienne*, etc., mort en 1721.

(2) On trouve ces armoiries sur une tombe de 1727, dans le chœur de l'église de Verneuil.

(3) Louis XIV érigea en marquisat les châtellenies de Nanveignes et de Ménestreau, par lettres-patentes de juin 1697, en faveur de François-Charles de Menou de Charnisay. (*Mémoires sur le département de la Nièvre.*)

De Mesgrigny, seigneurs d'Origny, de Poussé, de Fontaines, de Choisques, de Roblecourt, de Vaux, de Brévandes, de Champigny, de Vandœuvre, de Villebertin, de Marcilly, de Savoie; barons de Colombey et de Lonchey; vicomtes de Troye; comtes d'Aulnay; marquis de Villeneuve et de Mesgrigny; pairs de France, originaires de Champagne, en Nivernais et en Bourgogne.

Armes.

D'argent, au lion de sable. Pl. XVI. (*Dictionnaire de la Noblesse.* — Vertot, *Histoire de Malte.* — *Recueil de généalogies à la bibliothèque Ste.-Geneviève.*)

Millin, seigneurs de Montgirard, de Chassenay, de Marigny.

Armes.

De gueules, au chevron d'or, accompagné en chef d'une étoile d'or à dextre, d'une rose d'argent boutonnée d'or à senestre, et en pointe d'une plante de millet d'argent (1). Pl. XVI. (*Armorial manuscrit du Nivernois.*)

Monarchie, seigneurs de Chevenon.

De Moncorps, seigneurs de Beauvais, de Bruères, de Chéry, de Saully, de Migny, de Coulangeron, de Lévis, du Chesnoy, de Saint-Bonnet; comtes de Moncorps, originaires de Bretagne, en Bourgogne et en Nivernais.

Armes.

D'argent, à sept mouchetures d'hermine de sable posées trois, trois, une. Pl. XVI. (*Dictionnaire de la Noblesse.* — Durand,

---

(1) On trouve quelquefois les armes de cette famille: *d'azur, au chevron d'or, accompagné de trois tiges de millet de même.*

Armoiries des gentilshommes qui ont assisté aux États de Bourgogne.)

De Montsaulnin, seigneurs des Aubus, de Thoste, de Menestreux; barons de Fontenay, de Courcelles et de Saint-Brisson; comtes et marquis de Montal, originaires de Bourgogne, en Nivernais et en Berry.

Armes.

De gueules, à trois léopards d'or, couronnés de même, l'un sur l'autre. Pl. XVI. (Thaumas de la Thaumassière, *Histoire du Berry.*)

Moquot, seigneurs d'Agnon, de Roncy.

Armes.

De gueules, au chevron d'argent, accompagné de trois roses de même. Pl. XVI. (*Armorial de la généralité de Moulins.*)

Moreau, seigneurs de Meauce.

De Morogues, seigneurs de Landes, de Sauvage, de Thorery, de la Forest, de Lonfroy, de la Celle, de Fonfaye, de Guichy, d'Ouvrault, de Médan, de Beaulieu; vicomtes d'Elcourt, en Nivernais et en Orléanais.

Armes.

D'azur, au chevron d'or, accompagné en pointe d'une étoile d'argent, et un chef cousu de gueules, chargé de trois étoiles d'or. Pl. XVI. (*Mémoires* de Castelnau.)

De la Mothe de Dreuzy, seigneurs de Dreuzy.

Armes.

D'azur, au sautoir d'or, cantonné de quatre croisettes d'argent. Pl. XVI. (*Note communiquée.*)

Mullot de Villenault, seigneurs de Monfroy, de la Mothe, de la Gallarderie, de Fey, de Villenault.

Armes.

D'azur, à la bande d'argent, chargée de trois coquilles de gueules et accostée de deux étoiles du second émail, l'une en chef et l'autre en pointe. Pl. XVII. (*Généalogie* de Courvol.)

De Neuchèses, seigneurs d'Anlezy, du Plessis; comtes et marquis de Neuchèses, originaires du Poitou, en Nivernais, en Bourbonnais, etc.

Armes.

De gueules, à neuf molettes d'éperon d'argent, posées trois, trois, trois; l'écu *en bannière* (carré). Pl. XVII. (Gastelier de La Tour. — D'Hozier.)

De Noury, seigneurs de Thourigny, de Chaumigny, de Vroux, de Palluau, de Noury, de Vandenesse, de Poligny, de Chambrun, de Chevanne, de Morache, de Tamnay, de Cervon, de Brèves.

Armes.

D'azur, au sautoir d'or, cantonné de quatre couronnes à l'antique de même. Pl. XVII. (*Armorial de la généralité de Moulins.*)

Olivier, seigneurs du Puy et de Beaujarry, à Paris et en Nivernais.

Armes.

D'azur, à l'olivier mouvant d'un croissant, surmonté de trois étoiles rangées en fasce, le tout d'or. Pl. XVII. (D'Hozier.)

OLIVIER, seigneurs du Monceau, d'Avreau, de Secos, de la Barate, de la Vallée, des Granges, de Saint-Éloi, de Forges.

Armes.

Coupé : au 1 d'azur, à trois étoiles d'argent rangées en fasce, au chef d'argent, chargé d'un lion issant de sable ; au 2 d'argent, à une molette de gueules, surmontée de quatre emmanchés de même, mouvant du trait du coupé (1). Pl. XVII. (*Armorial manuscrit du Nivernois.*)

DE PAGANI, seigneurs de la Chaise, de Saint-Parize-le-Châtel, d'Ugny.

Armes.

D'argent, à deux lions d'azur affrontés, soutenant de leurs pattes de devant un casque d'acier, surmonté d'une fleur de lys de gueules. Pl. XVII. (*Armorial de la généralité de Moulins.*)

DES PAILLARDS, seigneurs de Bussière, de Mursault, de Ratilly.

Armes.

De sable, à une fasce d'argent, accompagnée en pointe d'une gerbe d'or. Pl. XVII. (*Armorial de la généralité de Moulins.*

LE PAIN DES BORDES, seigneurs de Bussy, de Charly, de Soultrait, de Bois-Mercier.

---

(1) Les anciennes armes de cette famille étaient : *D'argent, à l'olivier de sinople, au chef d'azur, chargé de trois étoiles d'or.* Ces dernières armoiries sont assez semblables à celles de la famille Olivier du Puy et de Beaujarry, mentionnée ci-dessus ; toutefois nous ne croyons pas que ces deux familles aient une origine commune.

De Palierne de Chassenay, seigneurs de Mémorin, de La Vallée, de l'Ecluse, de la Brenne, du Moûtier, de Marigny, de Montesche, du Châtellet, de Chassenay, de la Tour-de-Baugy, de Sceaux, de Palierne (1), en Bourbonnais et en Nivernais.

Armes.

D'azur, à trois mondes d'or, croisés et cerclés d'argent, posés 2 et 1, et trois larmes du troisième émail, posées 1 et 2. Pl. XVII. (*Armorial de la généralité de Moulins.*)

De Paris, seigneurs de Philippières, d'Arthel, de la Bussière, de Prélisy, du Mée, de Couloise, du Chaillou.

Armes.

Écartelé : aux 1 et 4 d'azur, au chevron d'argent, accompagné en pointe d'une fleur de lys de même; aux 2 et 3 coupé d'or et d'azur, au lion de l'un en l'autre (2). Pl. XVII. (*Généalogie* de Courvol.)

Le Peletier d'Aulnay, seigneurs de Parach; barons de Poussé; comtes d'Aulnay; marquis de Rosambo, originaires du Mans, en Nivernais.

Armes.

Écartelé : aux 1 et 4 d'azur, à la croix patée d'argent, chargée en cœur d'un chevron de gueules, accompagné en chef de deux

---

(1) Le fief de Palierne, situé dans la Banlieue de Moulins, ne relevait que du roi. Le sieur de Chenebras, écuyer, gentilhomme ordinaire de Monsieur frère du roi, rend, le 30 décembre 1669, son aveu et dénombrement à Sa Majesté pour le fief de Palierne. (Note communiquée par M. de Palierne de Chassenay, d'après une pièce originale en sa possession.)

(2) Les manuscrits de Marolles et l'*Armorial de la généralité de Moulins* indiquent le chevron et la fleur de lys comme étant de gueules sur fond d'argent.

molettes de sable, et en pointe d'une rose du troisième émail, qui est de *Le Peletier;* aux 2 et 3 d'argent, au lion de sable. qui est de *Mesgrigny.* Pl. XVII. (*Dictionnaire de la Noblesse.— Armorial de l'Empire*, par Simon.)

PERNIN, seigneurs de Villebource, du Mont, de Putay, du Montel, de la Motte.

Armes.

D'or, à trois roses de gueules. Pl. XVII. (Segoing, *Mercure armorial.*)

PERREAU, seigneurs de Saint-Léonard, de Catillon, de Villiers, d'Agrie, en Nivernais et en Normandie.

Armes.

D'or, au chevron d'azur, accompagné de trois roses de gueules. Pl. XVII. (*Mémoires de* Castelnau.)

DE LA PERRIÈRE, seigneurs de la Perrière, de Billy, de Frasnay-le-Ravier, de Chiffort, de la Boue, de Saint-Michel-en-Longue-Salle, de St.-Franchi, de Gascogne, de Roanne, de St.-Haon, de Veaux, de Mont-des-Prix, de Chainon-aux-Maillots, de Bazoches, du Bouchet, de Lancy, en Nivernais, en Saintonge et en Forez.

Armes.

D'argent, à la fasce de gueules, surmontée de trois têtes de léopard de même, couronnées d'or, rangées en fasce (1). Pl. XVII. (Courcelles.)

PIERRE, seigneurs de Frasnay-le-Ravier, de Saincy *alias* Saint-Cy, du Chaillou, de Jacilly, de la Barre, de Champrobert, de Montperroux.

(1) Ces armoiries sont sculptées au-dessus de la porte du château et dans l'église de Frasnay-le-Ravier, on les retrouve aussi au château du Bouchet.

Armes.

D'azur, à une clef d'argent et un bourdon d'or passés en sautoir, accompagnés en chef d'une étoile du second émail, et en pointe d'une coquille du troisième (1). Pl. XVII. (*Armorial de la généralité de Moulins.* — *Généalogie de* Courvol.)

DE PILES.

Armes.

De gueules, à trois flèches d'argent, posées en bande. Pl. XVII. (Segoing, *Mercure armorial.*)

PINET, seigneurs de Tabourneau, des Ecots, de Mantelet, de Baulne, de Tronssin, du Deffend, des Perrins.

Armes.

D'azur, à trois pommes de pin d'or. Pl. XVII. (*Armorial de la généralité de Moulins.*)

PITOIS, seigneurs de Montbelon, de Couchey, de Lavault, de la Creuse, de Mercurey, de Chanecy, de la Charnaye, de Chaligny, d'Estoulle, de Chaudeney, de Saint-Maurice, de Saint-Bonnet, de Quincize, originaires de Bourgogne, en Nivernais.

Armes.

D'azur, à la croix ancrée d'or (2). Pl. XVII. (D'Hozier. — *Histoire de Malte*, de Vertot.)

---

(1) Ces armoiries se voient en plusieurs endroits de l'église de Dienne, avec des inscriptions du xve siècle, relatives à des fondations faites par la famille Pierre.

(2) Nous trouvons dans l'*Extrait de l'histoire du bon chevalier Jacques de Lalain*, que « dans une passe d'armes, en 1450, on remarquait un » escuyer, nommé Claude Pitoys, dont les armes étaient escartelées d'une

De Poiseux, seigneurs de Poiseux.

Pommereuil (1), seigneurs de Romenay.

Armes.

D'azur, à trois pommes d'or versées, tigées et feuillées de sinople. Pl. XVII. (*Armorial de la généralité de Moulins.*)

De Ponard, seigneurs de Giverdy, de Sauvage, de la Boue, de la Crouslaye.

Armes.

D'or, à deux pals d'azur. Pl. XVII. (*Armorial de la généralité de Moulins. — Manuscrits* de Marolles.)

De Pontaillier, seigneurs de Châtillon-en-Bazois, de Flois; barons de Talemay, en Bourgogne et en Nivernais.

Armes.

De gueules, au lion d'or. Pl. XVII. (Coquille, *Histoire du Nivernois.* — Vertot.)

Du Pontot, seigneurs du Pontot, de la Forest, des Chaumes, de Poussery, du Rosay, de Poligny-sur-Arron.

Armes.

Écartelé : aux 1 et 4 d'azur, au lion d'argent, à la bande de

---

» croix ancrée d'or sur fond d'azur et d'un chevronné d'or et d'azur à la
» bordure de gueules. Un autre escuyer, Jean Pitoys, écartelait sa croix
» ancrée d'un losangé d'or et d'azur. » Dans l'Armorial manuscrit de
Guillaume Revel, on voit un écusson *d'azur, à une croix ancrée d'or, cantonnée au 1 d'un croissant de même,* avec une banderolle où se lit, *Jehan Pitoye crie Pitoye!*

(1) Une famille du parlement de Paris a porté le même nom et presque les mêmes armes : *D'azur, au chevron d'or, accompagné de trois pommes de même versées, tigées et feuillées de sinople.* Nous ne savons s'il y a communauté d'origine entre ces deux familles. (Baron, *l'Art héraldique.*)

gueules brochant sur le tout; aux 2 et 3 losangé d'argent et d'azur. Pl. XVIII. (*Titres de la bibliothèque royale.*)

DE POPILLON, seigneurs d'Orfeuille, de Boueix, de Paray-le-Fraisil; barons d'Arisolle et du Riau, en Bourbonnais et en Nivernais.

Armes.

D'azur, à la fasce d'or, accompagnée de trois quintefeuilles d'argent. Pl. XVIII. (*Histoire de Malte*, de Vertot. — Paillot.)

POT, seigneurs de Champroy, de la Prugue, de Piégu, de Meursault, de Chassingrimont, de Châteaupot; barons de Châteauneuf-en-Auxois; comtes de la Rochepot; marquis de Rhodes, originaires du Limousin, en Bourgogne, en Berry et en Nivernais.

Armes.

D'or, à la fasce d'azur. (*Histoire de Bourgogne* de D. Plancher. — *La Toison-d'Or.* — *Revue de la Noblesse.*)

DE POUGUES (1), seigneurs de Pougues, d'Argenvière.

DE PRACOMTAL, seigneurs de Vesvres, de Rouy, de Moussy, de Chavannes, de Gazeau, de Deuville, de Busseaux, de Châtillon-en-Bazois; barons de Bernières; marquis du Breuil et de Pracomtal, originaires du Dauphiné, en Bourgogne et en Nivernais.

---

(1) Cette famille, qui posséda la seigneurie de Pougues dès l'origine de la féodalité, a fourni l'un des deux sénéchaux de Nevers dont l'histoire nous ait conservé le nom, Geoffroy de Pougues, qui vivait en 1193. Pierre de Pougues, élu évêque de Nevers par les Chanoines en 1430, était aussi de cette famille. (*Dictionnaire de la Noblesse.*)

Armes.

D'or, au chef d'azur, chargé de trois fleurs de lys du champ. Pl. XVIII. (*Dictionnaire de la Noblesse.* — D'Hozier.)

Du Pré, seigneurs de Guipy, de la Malmaison, de Beaumont, de la Breulle.

Armes.

Losangé d'or et de gueules. Pl. XVIII. (Laîné.)

Le Prestre de Vauban, seigneurs de Champignolle, d'Estevaux, du Mérissard, de Busseuil, de Boyer, de Magny, de Cublize, de Saint-Vincent, de la Bastie, du Creuset, de Bazoches, de Pierre-Pertuis, de Pouilly, de la Chaume, d'Epiry; comtes et marquis de Vauban.

Armes.

D'azur, au chevron d'or, accompagnés de trois trèfles de même, et un croissant d'argent en chef. Pl. XVIII. (*Dictionnaire de la Noblesse.* — *Armoiries des Etats de Bourgogne.*)

De Prévost de Lacroix, seigneurs de Sonnotte, de Préjailly, du Channay, de Crécy, de Germancy; comtes de Prévost; marquis de Lacroix, originaires du Poitou, en Bourgogne et en Nivernais.

Armes.

Écartelé: aux 1 et 4 d'argent, à trois hures de sanglier de sable, qui est de *Prévost;* aux 2 et 3 de gueules, à deux clefs d'argent adossées et passées en sautoir, qui est de *Clermont-Tonnerre* (1). Pl. XVIII. (*Dictionnaire de la Noblesse.* — Laîné.)

(1) A cause du mariage de Claude de Prévost, écuyer, seigneur de Sonnotte et de Préjailly, avec Françoise-Virginie de Clermont-Tonnerre.

Des Prez, seigneurs de Roche, de Chevigny, de Charly, de Poissons, de Vesvre, de Loudun, de la Mothe, de Latigny, de Cougny; marquis des Prez, en Nivernais et en Bourbonnais.

Armes.

D'azur, au chevron d'argent, accompagné de trois coquilles d'or. Pl. XVIII. (*Armorial de la généralité de Moulins.*)

De Prie, seigneurs de Molins, de la Charnaye, de Sevilly, de Demenge, de Châteauclos, d'Audonville, de Thesmillon, de Gargilesse, de la Motte, de Lezille, du Chesne, de Marigny; barons de Buzançois et de Montpoupon; marquis de Toucy et de Planes; comtes et marquis de Prie, en Nivernais, en Berry et en Normandie.

Armes.

De gueules, à trois tiercefeuilles d'or, au chef de même, chargé d'une aigle à deux têtes de sable (1). Pl. XVIII. (*Dictionnaire de la Noblesse.* — Vertot, *Histoire de Malte.*)

Prisye, seigneurs de Curty, de Drassy, de Lamarche, de Froidefond, de Chazelle, du Ris, etc.

Armes.

De gueules, à trois épis de blé d'or, posés en pal, au chef

---

(1) Le sceau de Jean de Prie, seigneur de Prie, de Busançois et de Gargilesse, en 1383, portait un écu à trois tiercefeuilles; Antoine de Prie, chevalier, seigneur de Busançois, fils de Jean, porta *écartelé: aux 1 et 4 de gueules, à trois tiercefeuilles d'or*, qui est de Prie; *aux 2 et 3 d'or, à l'aigle éployée de sable, couronnée de gueules*, qui est de Busançois. (*Histoire des grands officiers de la Couronne.*) Plus tard, cette famille, au lieu d'écarteler l'aigle de Busançois, la mit en chef, et porta ses armes telles que nous les donnons ici. Dans l'*Armorial manuscrit* de Guillaume Revel, on lit : « Le tymbre de Prye est la teste d'un esgle, et crye *cans d'oyseaulx !* » Tel était, en effet, le cri de guerre des sires de Prie.

cousu d'azur, chargé de trois étoiles du second émail (1). Pl. XVIII. (*Armorial manuscrit du Nivernois.*)

RAPINE DE SAINTE-MARIE, seigneurs de Fourcheraine, de Saxi, de Boisvert, d'Aupassy, de Saint-Martin, de Pontillard.

Armes.

D'argent, au chevron engrelé de gueules, accompagné de trois coquilles de même (2). Pl. XVIII. (*Armorial de la généralité de Moulins.*)

DES REAULX (3), seigneurs de Bernay, de Baugetain, de la Tour-de-Bouy, de Cheffelet, de Brison, de Grisy, d'Athis, de Nogent-sur-Aube, de Chardonnet, de Brantigny; barons de Lirey; marquis des Reaulx, originaires du Nivernais, en Brie et en Champagne.

Armes.

D'or, au lion léopardé monstrueux de sable, à la tête humaine

---

(1) Les *Etrennes de la Noblesse de 1775* et l'*Armorial de la généralité de Moulins* donnent les armes de cette famille d'une manière un peu différente, d'après ces deux ouvrages le fond de l'écu est d'azur, et le chef de sable.

(2) Les diverses branches de cette famille se distinguèrent par des écartelures, ainsi les Rapine de Boisvert portaient *écartelé: aux 1 et 4 d'argent, au chevron engrelé de gueules, accompagné de trois coquilles de même; aux 2 et 3 fascé d'azur et d'argent de quatre pièces, les fasces d'azur chargées: la première, de deux, et la seconde, d'une couronne à l'antique d'or, et les fasces d'argent aussi chargées: la première, de deux, et la seconde, d'un cœur de gueules.* (Armorial manuscrit du Nivernois.)

(3) Cette famille porte dans les anciens titres le nom de des Ruyaulx, c'est celui d'une seigneurie, située dans la châtellenie de Cuffy, possédée par cette maison depuis le milieu du XIe siècle jusqu'au XVIe. (*Archives du royaume.*)

de carnation, chevelée et barbée du second émail. Pl. XVIII. (Vertot, *Histoire de Malte.* — *Dictionnaire héraldique* de Gastelier de la Tour.

DE RÉMIGNY, seigneurs de Cigogne, de Dumflun, de Semelines, de Rémigny; marquis de Joux.

Armes.

D'azur, à la fasce d'or, surmontée de trois étoiles de même. Pl. XVIII. (Vertot, *Histoire de Malte.*)

RENAULT DE TOUTEUILLE et DE SAVIGNY, seigneurs de Touteuille, de Savigny, de Tintury, de Fleury, de Reugny, de Gron, de Latenon.

Armes.

D'azur, à une gerbe d'argent. Pl. XVIII. (*Note communiquée.*)

DE REUGNY, seigneurs de Riéjot, de Vernière, de Villatte, de Molandrie, de Lancray, de Faveray, d'Arcy, de Foretton, de Bouvesson, de Fleury-la-Tour, de Saisy, de Cercy, de Lamiraud, de Villiers, de Chassigny, de Tais, du Plessy, d'Issenay, de Pouligny, de Remilly, de Savigny, de St.-Gratien, de Poussery; barons de Lafin; comtes et marquis du Tremblay; marquis de Reugny.

Armes.

Palé d'argent et d'azur, au croissant de gueules brochant sur le tout. Pl. XVIII. (*Armorial de la généralité de Moulins.* — *Généalogie de* Courvol.)

DE RÉVEILLON, seigneurs de Réveillon.

Armes.

D'azur, à un chevron, accompagné en chef de deux étoiles et en pointe d'un lys de jardin, le tout d'or, et un chef de même, chargé d'une rose de gueules. Pl. XVIII. (*Armorial manuscrit du Nivernois.*)

RICHARD DE SOULTRAIT, seigneurs de Grillon, de Chamvé, de l'Isle, de Sornay, de Magny, de Toury-sur-Abron, de Montcouroux, de la Motte-Farchat, de Fleury-sur-Loire, de Soultrait, originaires du Comtat-Venaissin, en Nivernais et en Bourbonnais.

Armes.

D'argent, à deux palmes de sinople adossées, accompagnées en pointe d'une grenade de gueules, tigée et feuillée du second émail. Pl. XVIII. (*Armorial de la généralité de Moulins.*)

DE LA RIVIÈRE, seigneurs de Châtelcensoir, de Cheny, de Bennes, d'Aunay, de Dam-Bernard, de Chevannes, de Poinart, de la Malmaison, de Beaumont, de Champallement, de Brinon, de Rochefort, de Césy, de Montdoubleau, de Champlemy, de Perchain, du Cros, de Lurcy-le-Bourg, de Lucy-le-Châtel, d'Ormoy, de Boulon, d'Arzembouy, de Souffin, de Colmery, de Vezannes, de Poilly, de Rebourceau, de St.-Martin, de la Garde; barons de Seignelay; vicomtes de Tonnerre et de Quincy; comtes de Dammartin; barons et marquis de la Rivière.

Armes.

De sable, à la bande d'argent (1). Pl. XVIII. (Guy Coquille, *Histoire du Nivernais.* — *Armorial manuscrit* de Gilles le Bonnier.)

---

(1) On sait que Bureau de la Rivière fut enterré à St.-Denis, voici le passage de l'*Histoire de l'abbaye royale de St.-Denis*, par Félibien, où il est question de la tombe de ce seigneur : « Aux pieds du tombeau du roy » Charles V, a esté inhumé Bureau de la Rivière, son chambellan et son

DE LA ROCHE DE LUPY, seigneurs de Loudun, de Lupy; comtes de la Roche de Lupy, en Franche-Comté et en Nivernais.

Armes.

D'azur, à trois bandes d'or. Pl. XVIII. (*Armorial de la généralité de Bourges.* — Vertot.)

DE LA ROCHETTE, seigneurs de Buxy, de Montsauche, du Crouseau, originaires du Charolais, en Nivernais.

Armes.

D'azur, à la fasce d'argent, chargée de trois aiglettes de gueules, et accompagnée de trois étoiles d'or. Pl. XVIII. (Laîné.)

DE ROFFIGNAC, seigneurs de Meauce, de Gigny, de Bouy, de Saincaise; comtes d'Apremont, originaires du Limousin, en Nivernais.

» favori. On lit encore partie de son épitaphe sur une tombe plate en
» cuivre. La voicy entière comme la rapportent Doublet et Milet:
  » Cy gist noble homme messire Bureau, jadis seigneur de la Rivière et
» Daunel, chevalier et premier chambellan du roy Charles V et du roy
» Charles VI. Son fils, qui trespassa le 16 jour daoust lan 1400, et fut cy
» enterré de lordonnance dudit roy Charles V, qui pour considération de
» très grands et notables services qu'il li avoit fait, et pour la singulière
» amour qu'il avoit à luy, le volt et ordonna en son vivant et le dit roy
» Charles VI le conferma; et aussi nosseigneurs les ducs de Berry, de
» Bourgogne, d'Orléans et de Bourbon qui lors estoient voldevent que
» ainsi fust. Priez Dieu pour l'âme de li. »
  La tombe de cuivre dont parle Félibien, détruite pendant la révolution, a été remplacée, lors de la restauration de l'église de St.-Denis, par une statue couchée en plâtre, avec une tête de marbre d'occasion; cette statue, représentant un chevalier en costume militaire du XIVe siècle, porte un écu où les couleurs des armoiries de la Rivière sont indiquées au moyen de hachures, dont l'usage n'a commencé qu'au XVIIe siècle; sur la dalle supérieure du sarcophage, se lit l'épitaphe rapportée par Félibien.

Armes.

Écartelé : aux 1 et 4 d'or, au lion de gueules, qui est de *Roffignac ;* aux 2 et 3 d'azur, à la bande d'or, accompagnée de six molettes de même en orle (1). Pl. XIX. (Segoing.)

Roux, seigneurs de Halan, de Gigny, de Sallé, originaires de Touraine, en Bourbonnais et en Nivernais.

Armes.

De gueules, au chevron d'or, accompagné de trois cœurs de même, au chef cousu d'azur, chargé de trois étoiles du second émail. Pl. XIX. (*Armorial manuscrit du Nivernois.*)

Roy, seigneurs de Sallé, de Rigny, de Saincaise.

Armes.

D'azur, à un limaçon d'argent, couronné de même. Pl. XIX. (*Armorial de la généralité de Moulins.*)

Le Roy, seigneurs de Cuy, de Prunevaux, de Nolay, de Martangis, de Poissons ; barons d'Alarde.

Armes.

D'azur, au chevron, accompagné en chef de deux têtes de lion arrachées, et en pointe d'une étoile, le tout d'or. Pl. XIX. (*Armorial manuscrit du Nivernois.*)

—

De Saint-Aubin, seigneurs de St.-Aubin, de Chalaux, de Domecy, du Mex, de Morachet, de Sarregosse, de Beauvoir, d'Ouroux, de Beauregard, de l'Epine, de Vernoy,

---

(1) Cette écartelure est particulière à la branche du Nivernais. Les armoiries des Roffignac se voient à la clef de voûte du chœur de l'église de Meauce, maintenant ruinée en partie.

de Champraissant, du Pleix, en Nivernais et en Bourbonnais.

Armes.

D'argent, à l'écusson de sable, surmonté de trois merlettes de même, rangées en fasce. Pl. XIX. (D. Caffiaux, *Trésor généalogique.* — *Armorial manuscrit du Bourbonnais et de l'Auvergne*, de Guillaume Revel.)

DE SAINT-PHALLE, seigneurs de Montgoublin, de Beaulieu, de Champagne, de Cudon, de Jailly; marquis de Saint-Phalle, en Bourgogne et en Nivernais.

Armes.

D'or, à la croix ancrée de sinople (1). Pl. XIX. (Segoing. — Vertot.)

DE SAINT-VERAIN, seigneurs de Bleneau; sires d'Asnois; barons de Saint-Verain.

Armes.

D'argent, au chef de gueules (2). Pl. XIX. (*Histoire des grands officiers de la Couronne.*)

DE SALAZAR, seigneurs de Laz et de Montaigu; barons de Saint-Just et d'Asnois-le-Bourg; comtes de Gerolles et

---

(1) Quelquefois *d'or, à la croix ancrée de sable*, ou *d'argent, à la croix ancrée de sinople.* (*Armoiries des gentilshommes qui ont assisté aux états de Bourgogne.*)

(2) Nous donnons ces armoiries d'après l'*Histoire des grands officiers de la Couronne*, quoique nous trouvions aux archives du royaume (*Titres de Nevers*, J. 256.) Un sceau équestre de Hugues de Saint-Verain, dont l'écu porte une croix; au contre sceau se montre la même croix dans un écusson, avec cette légende: S. HVGONIS DES.... (Sigillum Hugonis de sancto Verano). Le sceau est attaché à une charte du XIIIe siècle.

La branche de Bleneau chargeait le chef de gueules d'un lambel de trois pendants d'or.

de Salazar, originaires du pays de Biscaye, en Nivernais, en Champagne et en Bourgogne (1).

Armes.

Écartelé : aux 1 et 4 de gueules, à cinq étoiles de six rais d'or, posées en sautoir ; aux 2 et 3 d'or, à cinq feuilles de panais de sable, également en sautoir. Pl. XIX. (Vertot, *Histoire de Malte.* — Segoing.)

SALLONNIER DE TAMNAY, seigneurs d'Argoulois, de la Motte-Duplessis, de Villerot, de Nyon, du Perron, de Pouilly, de Rosemont, d'Avrilly, de Montsauche ; comtes de Tamnay, originaires de Provence (2), en Nivernais.

Armes.

D'azur, à une salamandre d'or lampassée de gueules, dans

---

(1) Nous trouvons dans les *Manuscrits* de Duchesne, à la Bibliothèque royale, (23e vol., p. 157,) la note suivante : « Jean de Salazar, » seigneur de Saint-Just, Marcilly et Montagu, gentilhomme espagnol du » pays de Biscaye qui estoit venu servir le roy Charles VII contre les » Anglois, espousa à Sully, le 31 octobre 1441, Marie de la Trémoille, » dame de Saint-Fargeau, fille naturelle de George, sire de la Trémoille, » comte de Guynes et de Bologne, baron de Sully, de Craon, de Saint-» Firmin, et grand chambellan de France, dont postérité. »

(2) « Imbert de Solas, gentilhomme natif de Salon en Provence, capitaine » de réputation, aimoit les mouvements des armes et la guerre ; il quitta » son païs en 1390 et entra au service de Philippe-le-Hardi, duc de » Bourgongne, et après la mort de ce prince occis en la journée d'Asin-» court, en l'an 1415, s'attacha à la personne du jeune prince Charles, » fils dudit Philippe, comte de Nevers et de Rhétel, ce qui l'attira en la » province et comté du Nivernois, et fut ledit Imbert créé par le jeune » prince, du consentement de Bonne d'Artois, sa mère, capitaine des » chastels de Molins en Gelbert et Desise, et morut au premier dans une » grande vieillesse ; il laissa de Lorance de Treilhac, sa femme, Humbert » et Jehan. Jehan de Solilas, dit Salonier comme son père, d'où sont » sortis aucuns dudit nom Salonier, qui comme diroit de Salon, d'où jadis » sourdit Humbert ou Imbert qui subsistent encore au païs de Nivernois. » (*Origine des noms*, par Jean-Denis Cusset.

des flammes de même. Pl. XIX. (*Armorial de la généralité de Moulins.*)

DE SAULIEU, seigneurs de Remeron, de Moy, du Pavillon-de-Trangy, de la Chomonerie, de Saincaise, de Soulangis, etc., originaires de Bourgogne, en Nivernais.

Armes.

Tiercé en face : au 1 de gueules, à trois étoiles d'or ; au 2 d'or plein ; au 3 d'azur, au lévrier passant d'argent, colleté de gueules, bordé et cloué d'or. Pl. XIX. (*Roy d'Armes. — Dictionnaire de la Noblesse de France*, par de Courcelles.)

SAULNIER, seigneurs de Toury-sur-Abron (1), du Follet, du Chailloux, de la Mothe-Farchat, de Varennes, de Bussière, de Pray, de la Forest, en Bourbonnais et en Nivernais.

Armes.

D'argent, à trois bandes d'azur. Pl. XIX. (*Manuscrits de Marolles.*)

(1) Jehan Saunier ou Saulnier (Joannes Saunerius) achète, le 28 février 1375, la terre de Toury-sur-Abron (Thoriacum super Abronem) de Guy Bréchard, damoiseau. Ce Jehan Saunier était, à n'en pas douter, le même personnage que Jehan, seigneur du Follet, chambellan de Charles V, dont le tombeau se voyait dans l'église d'Yseure, près de Moulins ; ce seigneur y était représenté armé de toutes pièces, avec sa femme Agnès de Bressolles ; on lisait sur ce tombeau l'épitaphe suivante : « Cy gist
» noble homme Jehan, seigneur de Follet, de Thory sur Abron, de la Motte
» Ferrechaut, terre et chastel de Varennes les Bréchards, conseiller et
» chambellan du roy nostre sire et son baillif de sainct Pierre le Moustier,
» des ressorts de Berry et d'Auuergne, conseiller et maistre d'hostel de
» madame Isabeau, duchesse de Bourbonnois, mère à celle la royne de
» France, lequel a fondé trois messes la semaine en ceste chapelle, et
» trespassa le 11 d'aoust, l'an MCCCIIIIXXIX (1389), et aussi gist pres de luy
» demoiselle Agnès de Bressolles, sa femme. Plaise à Nostre Seigneur
» d'avoir leurs âmes. » (*Ancien Bourbonnais.*)
La chapelle où se trouvait le tombeau existe encore, on y voit les armes parties de Saulnier et de Bressolles ancien.

SAVARY DE BRÈVES, seigneurs d'Arthel; comtes de Brèves (1); marquis de Maulévrier, en Touraine, en Berry et en Nivernais.

Armes.

Écartelé d'argent et de sable. Pl. XIX. *Dictionnaire de la Noblesse.* — D'Hozier.)

SAVE DE SAVIGNY, seigneurs d'Ougny, d'Arleuf, de Neuzilly, de Savigny.

Armes.

D'azur, au chevron d'argent, accompagné de trois vases d'or. Pl. XIX. (*Armorial de la généralité de Moulins.*)

DE SAVIGNY (2), seigneurs de Savigny, de Crécy.

DE SERRE.

Armes.

D'azur, à six besants d'or, 3, 2 et 1. Pl. XIX. (Paillot.)

SIMONNIN, seigneurs du Vernay.

Armes.

D'azur, au chevron d'or, accompagné en chef de deux roses de même, et en pointe d'un croissant d'argent. Pl. XIX. (*Armorial de la généralité de Moulins.*)

SORBIER, comte Sorbier.

---

(1) La seigneurie de Brèves fut érigée en comté par lettres de février 1625, registrées en la Chambre des Comptes de Dijon, le 21 mai 1661, en faveur de François Savary, chevalier, seigneur de Brèves, d'Arthel et de Maulévrier. (*Tablettes Chronologiques.*)

(2) Nous ne savons si Jean de Savigny, évêque de Nevers en 1296, était de cette famille.

Armes.

Écartelé : au 1 d'azur, à l'épée haute d'argent, garnie d'or (1) ; au 2 d'or, au canon affuté, surmonté d'une tête de cheval, le tout de sable ; au 3 d'or, au sorbier de sinople, fruité de gueules ; au 4 d'azur, au croissant d'argent, surmonté d'une étoile de même. Pl. XIX. (*Armorial de l'Empire*, de Simon.)

DE LA TEILLAYE, seigneurs de la Chezelle, de St.-Liénard, de Corbigny, de la Chaise.

Armes.

D'azur, au chevron d'or, accompagné de trois étoiles de même. Pl. XIX. (*Armorial manuscrit du Nivernois.*)

DE TERNANT, seigneurs de Ternant, de la Mothe, d'Aspremont, de Limanton, en Nivernais et en Bourgogne.

Armes.

Échiqueté d'or et de gueules (2). Pl. XIX. (Courcelles. — Maurice, *Le Blason des chevaliers de la Toison d'or. — Insignia equitum ordinis velleris aurei*, etc.)

DE THIANGES (3), seigneurs du Creuset, de Lussat,

---

(1) Ce quartier ainsi placé à dextre, était le signe distinctif des comtes de l'Empire tirés de l'armée.

(2) Ces armes se voient sur deux tryptiques du xve siècle fort remarquables, données à l'église de Ternant par Philippe de Ternant, chancelier du duc de Bourgogne Philippe-le-Bon, et l'un des premiers chevaliers de la Toison d'or.

(3) Ancienne famille de chevalerie qui prit son nom de la terre de Thianges, possédée plus tard par la maison de Damas; Guillaume de Thianges, chevalier Banneret, vivait en 1214; l'an 1453, Béléasses de Thianges, héritière de cette ancienne maison, épousa Charles de Villelume, seigneur de la Roche-Auton, auquel elle porta la terre du Creuset; cette branche de la maison de Villelume a pris le nom et les armes de Thianges.

d'Igornay, de Champallement, d'Ussel, de Paray-le-Fraisil, de Valligny, de Hautefaye, de Lussac, du Taillet, de Boton, de Bourg, de Tamnay, de Rosemont, de Murlin, de Noys, de Boulet; comtes de Thianges, en Nivernais et en Bourbonnais.

Armes.

D'or, à trois tiercefeuilles de gueules (1). Pl. XIX. (*Dictionnaire de la Noblesse. — Histoire des grands officiers de la Couronne.*)

THIBAUT (2), seigneurs de Bessé, de Poligny, du Colombier, de Guerchy, de Vieux-Moulins, du Fort-de-Vêvres, de Mezières, de Jussey.

Armes.

De gueules, à trois tours d'or. Pl. XIX. (D'Hozier.)

DE THOURY, seigneurs de Thoury, des Pieux, de Malnay, de Boisfiésy, de Moclot.

Armes.

D'azur, au rencontre de cerf d'argent, surmonté d'un ray d'escarboucle fleurdelysé d'or, et accosté de deux fleurs de lys de même en pointe. Pl. XX. (*Note communiquée.*)

TIERSONNIER, originaires de Picardie, en Bourbonnais et en Nivernais.

---

(1) Sceau de Jean de Thianges, chevalier, seigneur de Rosemont et de Tamnay en 1349. (*Manuscrits* de Marolles.) C'est à tort que quelques auteurs, Paillot entre autres, indiquent les armoiries de cette famille comme étant *d'or, à trois roses de gueules.*

(2) Peut-être Thibaud, évêque de Nevers en 1177, était-il de cette famille. (Voir page 35, note 1.)

Armes.

D'azur, au cœur en abîme, soutenu d'un croissant et surmonté d'une étoile, le tout d'argent. Pl. XX. (*Armorial de la généralité d'Amiens.* — Lettres patentes de Louis XVIII, de 1821.)

DE TORCY DE LANTILLY, seigneurs de Lantilly, de Sauvage, de Poinchy, du Deffend, de Launay; barons de Vindey; marquis de Torcy.

Armes.

De gueules, à la bande d'or. Pl. XX. (Le Pippre de Nœuville, *Abrégé de l'Histoire de la maison du roi.*)

LE TORT, seigneurs des Chèses, du Chambon, de Champrenot, de Paumay, de Champcourt, de Boisvert, du Marais (1).

Armes.

D'azur, au chevron d'or, accompagné de deux croissants d'argent en chef et d'une étoile de même en pointe. Pl. XX. (*Armorial de la généralité de Bourgogne.*)

DE LA TOUCHE, en Nivernais et en Alsace.

Armes.

De gueules, à trois besants d'or (2). Pl. XX. (*Armorial de la généralité d'Alsace.*)

---

(1) Vers l'an 1470, le comte de Nevers permit à Jean Le Tort, seigneur du Marais, d'augmenter les constructions du château du Marais. (*Album du Nivernais*). Or, les constructions de cette époque, faciles à reconnaître à leur ornementation, portent en différents endroits un écusson chargé d'un chevron et de trois objets trop mutilés pour que l'on puisse déterminer leur forme primitive, mais qui sont sans doute les croissants et l'étoile de l'écusson des Le Tort.

(2) On trouve quelquefois ces armes : *D'argent, à la queue d'écrevisse de gueules en pal, au chef de même, chargé de trois besants d'or.*

De Toucy (1), seigneurs de Toucy, de Saint-Fargeau, de Baserne, de Pierre-Perthuis, du Val-d'Aubigny, de Mont-Saint-Jean, en Auxerrois et en Nivernais.

Armes.

De gueules, à trois pals de vair, au chef d'or, chargé de quatre merlettes de gueules. Pl. XX. (*Histoire des grands officiers de la Couronne.*)

De la Tournelle, seigneurs de Guipy, de Montjardin, d'Yonne, du Vieux-Chailloux, de Montperroux, de Dienne, de Maison-Comte, de Beauregard, de la Fontaine, du Chastelet; comtes d'Auxois; sires et marquis de la Tournelle (2), originaires de Touraine, en Nivernais.

Armes.

De gueules, à trois tours d'or. Pl. XX. (Vertot, *Histoire de Malte.* — *Abrégé de l'histoire de la maison du roi.*)

(1) Branche de l'illustre maison de Châtillon; Duchesne les rattachait par présomption à Renaud de Châtillon, fils puîné de Gaucher, premier du nom, sire de Châtillon. Le P. Anselme et ses continuateurs (tome VII de l'*Histoire des grands officiers de la Couronne*), ont fait, des seigneurs de Toucy, une famille particulière et une seule et même race, quoiqu'il soit démontré par une charte de l'an 1112, que l'héritière du château de Toucy avait épousé, vers l'an 1102, un seigneur nommé Hugues, devenu par elle possesseur du château : or, les seigneurs de Toucy qui ont succédé à Hugues dans cette possession, les mêmes dont l'ouvrage que nous citions donne la généalogie, étaient donc issus de ce Hugues, et par conséquent celui-ci doit donc être regardé comme la souche de cette seconde race. Maintenant si l'on considère que les descendants de ce seigneur ont constamment porté les armes de Chastillon, le *chef chargé de quatre merlettes de gueules*, signe presque certain de juveignerie, il paraîtra d'autant plus probable que ce Hugues était un puîné de la maison de Châtillon, qu'on a vu, long-temps après, la branche des seigneurs de Villesavoie adopter exactement la même brisure. (Courcelles). — Jean de Toucy (Johannes Dominus Tociaci) souscrit une charte de 1211, comme vassal du comte de Nevers. (*Archives du royaume.*)

(2) La seigneurie de la Tournelle, près d'Arleuf, fut érigée en marquisat par lettres patentes du mois de juin 1681, régistrées au parlement de

Des Trappes, seigneurs de Précy, de Saint-Benin, de Menetou, des Roches, de Sancergues, de Besses, de Saint-Martin.

Armes.

D'argent, au chevron de gueules, accompagné de trois chaussetrapes de sable. Pl. XX. (Paillot.)

De Troussebois, seigneurs de Laleuf, de Passy, de Narcy, du Crop-Guillot, de Montifaut, de Monchy, de Lonfroy, de Faye, de Launay, en Bourbonnais (1), en Berry et en Nivernais.

Armes.

D'or, au lion de sable, couronné, lampassé et armé de gueules. Pl. XX. (*Roy d'Armes. — Armorial de la généralité de Moulins.*)

Des Ulmes, seigneurs de Briou, de Claviseau, de Trougny, de Torcy, de Beaulon ; comtes des Ulmes.

Armes.

De sinople, au lion morné d'argent. Pl. XX. (*Armorial de la généralité de Moulins.*)

De Vaux, seigneurs de Germancy, de Fleury-sur-Loire, de la Motte-Farchat, de Merlay, de la Bussière.

Dijon le 22 août suivant, en faveur de Charles, sire de la Tournelle. (*Tablettes chronologiques.*)

(1) Eudes de Troussebois fut l'un des témoins de la charte de confirmation des priviléges de la commune de Villefranche en Bourbonnais, donnée en 1217, par Archambaud VIII, sire de Bourbon. (*Ancien Bourbonnais.*)

Armes.

D'azur, au chevron d'argent, accompagné de trois étoiles d'or, au chef du second émail, chargé d'une étoile de gueules (1). Pl. XX. (*Armorial de la généralité de Moulins.*)

De la Vaux.

Armes.

D'azur, à une ancre d'argent. Pl. XX. (Paillot, *Science des Armoiries.*)

De Veilhan de Giry, seigneurs de Merry, de Veilhan, de Digoine, de Brinays; barons de Giry.

Armes.

D'azur, au ray d'escarboucle, pommeté et fleurdelysé d'or de huit pièces. Pl. XX. (Gastelier de la Tour.)

Du Verne, seigneurs de la Chaulme, de Giverdy, de la Varenne, de Marancy, de Villiers, de Réveillon, de Fourcheraines, originaires du Beaujolais, en Nivernais.

Armes.

Fascé de sable et d'argent (2). Pl. XX. (Laîné, *Archives généalogiques de la Noblesse.*)

Viel de Lunas d'Espeuilles, seigneurs de Varigny, de Fusilly, de la Montagne, de Saint-Sourlan, de Seranne,

---

(1) Ces armes sont sculptées, accolées à celles de la famille Baudreuil, sur un charmant bas-relief du xvie siècle, dans l'église de Decize; ce bas-relief fut donné à cette église par Jean de Vaux, seigneur de Germancy, et par Marie Baudreuil, sa femme. (*Notice sur Decize*, par M. Girerd.)

(2) On trouve aussi quelquefois ces armes : *De sable, à trois fasces d'argent*, ou *d'argent, à trois fasces de sable.* (*Armorial de la généralité de Moulins.*)

de Saint-Martin, de Cazillac, de Nize, de Saint-Bazille, de Pousols, de Saint-Amand, de Lamenay, d'Aglan; barons du Touzet; marquis d'Espeuilles, originaires de Normandie, en Languedoc et en Nivernais.

Armes.

De gueules, à une ville enceinte de murs flanqués de tours, le tout d'argent, maçonné de sable, et un chef cousu d'azur, chargé d'un croissant du second émail entre deux étoiles de même. Pl. XX. (*Note communiquée.*)

De Vielbourg, marquis de Myennes (1).

Armes.

D'azur, à la fasce d'argent, chargée d'un tau ou croix de Saint-Antoine de sable à dextre, et d'une étoile de même à senestre. Pl. XX. (*Dictionnaire héraldique* de Jacques Chevillard. — Vertot.)

Des Vignes, seigneurs de Chiffort. (*Noms féodaux.*)

De Villaines, seigneurs de Fleury-sur-Loire, de la Motte-Farchat, de Bouy, de Saint-Pardoux, de la Condemine, de Sarragousse, de Corme, de Menetou-Couture, de la Vesvre, de Chantemerle, d'Ourouër-le-Chambrier, de la Motte-Berault, de Presle, de la Maison-Fort, de Bercy, des Touzelains, du Franchet, de la Biotière, du Moulin-Porcher, de Breuillault; barons de Givry et de Thory; marquis de Villaines, en Nivernais, en Bourbonnais et en Berry.

---

(1) Châtellenie du Nivernais érigée en marquisat, par lettres de décembre 1661, registrées au parlement et en la Chambre des Comptes les 10 et 18 février 1666, en faveur de Réné de Vielbourg, seigneur dudit lieu. (*Tablettes Historiques et Chronologiques.*)

Armes.

Écartelé : aux 1 et 4 d'azur, au lion d'or ; aux 2 et 3 de gueules, à neuf losanges d'or, posés 3, 3, 3 (1). Pl. XX. (D'Hozier. — Pallet, *Nouvelle histoire du Berry.*)

DE VILLARDS, seigneurs du Chaumont.

DE VIRGILLE, seigneurs de Clameron, des Boutards, de Mezeray, de Saint-Michel, de Chevannes-les-Crots, de Montrangle.

Armes.

D'azur, à la bande d'argent, surmontée de trois fleurs de lys d'or. Pl. XX. (Courcelles.)

VYAU DE FONTENAY et DE LA GARDE (2), seigneurs de Beaudreuille, de Fontenay, de la Garde, de l'Isle, de Roussy, d'Autry, de Sarrasin, de la Vesvre, de St.-Fargeux, de Verrière, de la Jarrerie, des Bruères, de Buy, de Trois-Fonds, de Bourg, du Gratais, de St.-Léger, de la Tuilerie, de la Baratte, de Louanche.

Armes.

D'azur, à une porte de ville ouverte, flanquée de deux tours d'argent, et en supportant une troisième de même maçonnée de sable, celle-ci sommée d'un lion issant d'or, armé et lampassé de gueules, tenant de sa patte dextre une demi-pique d'or, armée de sable et houppée de gueules. Pl. XX. (*Armorial de la généralité de Moulins.*)

(1) Ces armes se voient en plusieurs endroits du château de la Motte-Farchat, dont une partie fut construite par la famille de Villaines, à la fin du xvie siècle.

(2) Cette famille a occupé, pendant les deux derniers siècles, les premières charges du bailliage de St.-Pierre-le-Moûtier.

LISTE

DES MEMBRES DE L'ORDRE DE LA NOBLESSE DU BAILLIAGE DU NIVERNOIS ET DONZIOIS, COMPARANT ET VOTANT A L'ÉLECTION DES DÉPUTÉS AUX ÉTATS-GÉNÉRAUX (1).

Le 14 mars 1789, après la séparation de l'assemblée générale des trois ordres du bailliage de Nivernais et Donziois, réunis dans l'église des pères Récollets de la ville de Nevers, en vertu de la lettre du roi en date du 24 janvier de cette même année, adressée au bailli d'épée dudit bailliage, et aussi en vertu de l'ordonnance du bailli, en date du 14 février, des publications et assignations qui en ont été la suite, la chambre de la noblesse s'étant retirée dans une salle du château Ducal, sous la présidence de Monsieur *le Roy de Prunevaux*, chevalier, seigneur de Nolay, Martangis, Prunevaux, Poissons, ancien lieutenant-colonel du régiment de Royal-Cravattes, cavalerie, chevalier de l'Ordre royal et militaire de St.-Louis, bailli d'épée du Nivernais et Donziois, a ouvert ses séances.

(1) La brochure in-4 qui contient le procès-verbal de l'assemblée de l'ordre de la noblesse du Nivernais, réuni en 1789, étant devenue fort rare, presqu'introuvable, nous avons cru devoir publier ici la liste des membres de cette assemblée, d'après le cahier original, d'autant mieux que cette

Après un discours de M. le bailli, l'assemblée avant toute délibération, a cru devoir procéder à la justification du droit que chacun des membres qui la composaient avait d'y être admis; et pour y parvenir, elle a nommé messieurs le marquis *du Quesnay*, *de Forestier*, *de Maumigny*, le chevalier *de St.-Phalle*, commissaires à l'examen et vérification des titres d'admission; et après leur rapport, la liste des membres de l'ordre de la noblesse, présents, et votant à cette première séance, tant en leur nom qu'en celui de leurs commettants, a été formée et arrêtée ainsi qu'il suit (1).

MESSIEURS

Jean-Nicolas *de Bongards*, chevalier, mestre de camp de cavalerie et chevalier de l'Ordre royal et militaire de St.-Louis; Pierre-François *Fournier*, comte *de Quincy*, seigneur d'Arthel, tant en son nom, que comme chargé du pouvoir de Jean-Baptiste-Marie, marquis *de Chabannes*, capitaine au régiment de Royal-Normandie, propriétaire en partie du fief de Quincy-sur-Yonne; Jean-Baptiste *Desgalois de la Tour*, premier président au parlement

---

énumération ne se trouve que dans l'*Almanach de la Nièvre pour* 1846, où elle a été publiée d'une manière inexacte et surtout incomplète.

Nos lecteurs seront peut-être étonnés de trouver dans cette liste un grand nombre de noms étrangers à notre province, mais il ne faut pas oublier que tous les possesseurs des fiefs situés dans une province, et les seuls nobles possesseurs de fiefs avaient droit de siéger à l'assemblée; ceci expliquera la présence de beaucoup de noms dans cette liste de la noblesse du Nivernais en 1789, et l'absence de plusieurs autres. Pour l'orthographe des noms, nous serons obligé de rectifier assez souvent celle du cahier original, qui est par trop fautive, toutefois, nous ne le ferons que quand cela sera absolument nécessaire.

(1) Ce préambule est extrait, presque textuellement, du procès-verbal de la première séance de l'ordre de la noblesse.

d'Aix, et intendant de Provence, seigneur de Chezelles, Dompierre, représenté par M. le bailli d'Epée ; Jean d'*Avoult*, écuyer, seigneur de Préporcher, aussi représenté par M. le bailli ; Jean-Michel *Gascoing de Demeurs*, tant en son nom, que comme chargé du pouvoir de dame Marie-Emilie *Vesure*, marquise *de Traci*, dame du fief de l'Epineau, et de celui de dame Marguerite-Charlotte *de Menou Dodard*, dame du fief des Chazeaux et autres; Claude *Nault de Champagny*, maréchal des camps et armées du roi, seigneur de Trésilion, comparant tant pour lui que pour François-Marie *de Chamartin*, écuyer, seigneur de Moncet, et Cérice-François-Melchior, comte *de Vogué*, maréchal des camps et armées du roi, seigneur d'Aubenas et Four ; Antoine *Robert*, marquis *du Quesnay*, seigneur de Morache, tant en son nom, que comme chargé du pouvoir de Jean-Pierre, comte *de Certaines*, seigneur de Villemolin, et Balthazard *de Roland*, chevalier, seigneur d'Arbourse et Euriot ; Jean-Pierre *de Damas*, comte *d'Anlezy*, maréchal des camps et armées du roi, tant en son nom, qu'en celui de Louis-Jules-Barbon *Mancini-Mazarini*, duc de Nivernois et Donziois, pair de France et ministre d'état, et Elie-Charles *de Talleyrand-Périgord*, prince *de Chalais*, seigneur marquis de Vandenesse en Nivernois; Joseph-Henri-Gabriel *Fournier*, vicomte *de Quincy*, tant en son nom, qu'en celui de Marcellin *de Roland*, chevalier, seigneur d'Arbourse, et Pierre-Henri-Ferdinand, comte *de Charry-Beuvron*, seigneur de Beuvron ; Pierre *de Berthier*, chevalier, tant en son nom, que comme chargé du pouvoir de dame Jeanne *de Charry*, veuve de Germain-Joseph *de Pagany*, seigneur d'Ugny, et de dame Hélène *de Berthier*, dame du Veuillien; Michel-Henri-Claude *de la Barre*, chevalier, baron *de la Motte-Jousse-*

rand, en son nom, et en celui de Louis *de Morache*, marquis de Miennes ; François *de Forestier*, maréchal des camps et armées du roi, seigneur de Villars-le-Comte, les Granges et autres, tant en son nom que comme chargé du pouvoir de dame Antoinette-Louise-Marie *Crozat de Thyers*, comtesse *de Béthune*, dame du comté des Bordes, et baronie d'Apremont, et de Gilbert-Michel, comte *de Chauvigny de Blot*, seigneur des Granges en Nivernois ; Alexandre-Ambroise, comte *de Rafélis*, seigneur des Doraux en Nivernois, et chargé des pouvoirs de monseigneur le prince *de Condé*, seigneur de Dornecy aussi en Nivernois, et de ceux de dame Jeanne *de Bar*, marquise *de St.-Sauveur*, dame de Neuvy-le-Barrois et autres ; Edme, comte *de Longueville*, seigneur de Champmoreau, Sichamps et autres, tant en son nom, qu'en celui de Edme-Antoine *de Moncorps*, seigneur de Coulangeron et autres, et de dame Anne-Geneviève *More*, veuve de Jean-François-Gabriel *d'Estutt*, écuyer, seigneur de Blanay, ladite dame au nom de ses enfants mineurs, propriétaires de ladite terre et seigneurie de Blanay ; Antoine-Charles, comte *de Pracomtal*, maréchal des camps et armées du roi, seigneur de Châtillon et Bernière, tant en son nom, qu'en celui de François-Louis-Antoine *de Bourbon*, comte *de Busset*, seigneur de Visigneux en Nivernois, et de Léonor-Anne-Gabriel, marquis *de Pracomtal*, seigneur de Vesvres ; Jean-Baptiste *Boutet de Monthery*, écuyer ; François-Nicolas *Bricault*, seigneur de Brain, ancien capitaine du régiment Royal-Piémont, cavalerie ; Gabriel-César, baron *de Choiseuil*, maréchal des camps et armées du roi, ambassadeur de Sa Majesté à la cour de Turin, tant en son nom, que comme chargé des pouvoirs de Charles-Léopold, marquis *de Jaucourt*, chevalier des ordres du roi, seigneur de Lavallée, et de Regnault-César-Louis *de Choiseul*, duc *de Praslin*, seigneur de Rozay et Villars en Nivernois; Paul-François *Sallonnyer*, écuyer, seigneur de Mont et de Chaligni; Michel *Girard de Montifault*, écuyer, seigneur de la Vernière, tant en son nom que comme chargé des pouvoirs de dame Marie-Anne-Simonne *d'Escorailles*, comtesse *de Busseuil*, dame de Villette, et de dame Gabrielle *Millot de Montjardin*, dame de Pousseri. Etienne *de Borne de Grandpré*, écuyer, chevalier de St.-Louis, en son nom et en celui de dame Anne-Joseph *de la Dux*, dame de Cuy, comme tutrice des enfants mineurs de Pierre *le Roy*, chevalier, seigneur dudit Cuy, et de dame Marie-Anne *Mérat de Sermizelles*, dame de Moissy; Etienne, comte *de Laroche-Loudun*, chevalier, seigneur de Lupy, en son nom, et comme chargé des pouvoirs de Jean-Louis, baron *de Nuchèze*, seigneur du Déffend, et de François-Germain-Zacharie-Louis *de Chéveru*, seigneur du comté de Brèves; Edme *de la Bussière*, chevalier et aussi chevalier de St.-Louis, en son nom, et en celui de Guillaume *des Ulmes*, chevalier, seigneur de Trougny; Jean-Claude *Duverne*, chevalier, seigneur de la Varenne, en son nom et en celui de Barthélemi *Duverne*, maréchal des camps et armées du roi, seigneur de Villiers et Réveillon, et de François *de Gentil de la Breuille*, chevalier, seigneur de la Breuille; Louis-Laurent-Joseph, comte *de Montagnac*, lieutenant-colonel d'infanterie, tant en son nom, qu'en celui de Pierre-François *de Bréchard*, chevalier, seigneur de Chamonos en partie, et de Jean *Ducrest*, écuyer, seigneur de Ponay; Louis-Claude-François *Carpentier de la Thuillerie*, écuyer, seigneur du fief de la Brosse, tant en son nom, qu'en celui de François *Carpentier de Changy*, écuyer, chevalier de St.-Louis, seigneur des fiefs des Pavillons, Vanzé et autres, et de Auguste-Joseph *de Broglie*, prince *de Revel*, comte et baron de Druy, Sougy et autres en Nivernois; N. *Girard de Busson*, écuyer, tant en son nom, qu'en celui de N. *Espiard de Mâcon*, seigneur de la cour d'Arsenay, et de dame N. veuve *Espiard*, dame d'Acray; Pierre-Claude *des Jours*, chevalier, comte *de Mazille*, seigneur de Montmartin et autres, chevalier de St.-Louis, tant pour lui, que pour Etienne *des Jours*, chevalier de *Mazille*, seigneur de Pommeray, et Jacques-Joseph, comte *Duclerroy*, seigneur de Marcy et autres; Louis-Etienne-François *de Damas de Crux*, comte *de Crux*, maréchal des camps et armées du roi, chevalier de ses ordres, tant en son nom, qu'en celui de dame Marie-Thérèse *de Menou*, comtesse *de Damas de Crux*, marquise dudit Menou, dame de Villiers et autres, et de dame Marie-Thérèse *du Quesnay*, chanoinesse, comtesse de Leigneux, dame en partie du fief de Dirol; Paul, comte *de Maumigny*, lieutenant-colonel du régiment des chasseurs à cheval de Franche-Comté, chevalier de St.-Louis, seigneur de Riéjot, tant en son nom, qu'en celui de demoiselle Claude-Perrette *de Maumigny*, dame de Verneuil, et de Pierre-Etienne *Bruno*, chevalier, baron *de Vitry*, seigneur de Champlévrier et autres; Jean-Baptiste *Richard de Soultrait*, écuyer, seigneur de Fleury-sur-Loire et autres, chevalier de St.-Louis, tant en son nom que comme chargé des pouvoirs de Lazare-René de *Moncorps du Chénoy*, chevalier, seigneur de la Motte-Jousserand, près Donzy et autres, de dame Marie-Jacquette *Bourgoing de Soultrait*, dame de Toury-sur-Abron et autres; Jacques-Sébastien-Louis *Dubois*, écuyer, président de la chambre des comptes, en son nom et comme porteur des procurations de Bernard-Paul-Sébastien *Dubois*, sous-diacre du diocèse de Nevers, et Jacques-Hilaire *Dubois de Marzy*, écuyers, mineurs, seigneurs de Marzy, et de Mathieu-Bernard *Goudin*, écuyer, seigneur de Chevenon; Claude-Pierre *Marion de Givry*, écuyer, capitaine de cavalerie, chevalier de St.-Louis, tant en son nom, qu'en celui de demoiselle Jeanne *de Montagu*, dame de la seigneurie de la Garde, et dame Adélaïde-Marie-Louise *de Jourdan de Vaux*, comtesse de *Fougières*, dame de la Guierche et autres; Joseph-Louis, marquis *de St.-Phalle*, seigneur, baron de Cudot, Baulieu et autres, tant en son nom qu'en celui de Jean-Baptiste *de Courvol*, chevalier, seigneur de Billeron et Lucy en partie, capitaine au régiment de Limosin, infanterie, et François *de Toury*, chevalier, seigneur de Moclot; François-Hyacinthe, comte *de Dreuille*, seigneur d'Avry-sur-Loire et autres, chevalier de St.-Louis; Claude-Louis-François *Rapine*, chevalier, seigneur de Ste.-Marie, St.-Martin et autres, tant en son nom que comme chargé des pouvoirs de Claude *de Pagani*, chevalier, seigneur de la Chaise, et de dame Marie-Françoise *Dechamps de St.-Léger*, veuve *de Pagani*, dame de Précy, Cherault et autres; Louis-Claude *Marion des Barres*, écuyer, seigneur de Boisvert, tant en son nom que comme porteur des procurations de Louis-Bénigne-François *Berthyer*, chevalier, seigneur des Troches et autres, intendant de la généralité de Paris, et de dame Marie-Marguerite *Chevalier*, vicomtesse *de la Rivière*, tutrice de ses enfants mineurs, propriétaires des seigneuries de St.-Brisson, Coulon, Billy et autres; Jacques-Gabriel, marquis *de la Ferté-Meun*, chevalier de St.-Louis, seigneur de Préchargé et Gerbais, en son nom et en celui de Jacques-Marie *de Druy*, chevalier, seigneur d'Avry et autres, et de dame Marie-Henriette *Fournier*, marquise *de Chabannes*, dame en partie de la terre de Quincy-sur-Yonne; Philippe *de Veilhan*, chevalier; François-Marie *Dechamps de St.-Léger*, chevalier, seigneur de St.-Léger et autres, chevalier de St.-Louis, tant en son nom que celui d'Amable-Charles, comte *des Ulmes*, chevalier, seigneur de Torcy, Beaulon et autres, et de Paul-Augustin *Save*, chevalier, seigneur d'Ougny et d'Arleuf; Philippe-Benoît *Marion de la Môle*, écuyer, tant pour lui que pour Louis-Alexandre *Comeau*, chevalier, seigneur de Satenot, Passy et autres, et demoiselle Claude-Geneviève *Sallonnyer d'Avrilly*, dame des fief et seigneurie de la Brosse; Jean-Baptiste-Joseph *de Brun*, chevalier, lieutenant de cavalerie et chevalier de St.-Louis, tant pour lui que pour Claude *de Chargère*, écuyer, seigneur de Tourny, et Guillaume *de Chargère*, écuyer, seigneur du Grand-Mariés; Claude-Laurent *Chambrun d'Uxeloup*, écuyer, seigneur de Rosemont, Uxeloup, Reugny et autres; Charles *Després*, marquis de Montaguenan et Limozane au royaume de Naples, seigneur de Roche-sur-Aron, tant en son nom que comme chargé des pouvoirs de Charles-Claude *Andrault*, chevalier, marquis *de Langeron* et de Maulévrier, chevalier des ordres du roi, seigneur de Poussaux en Nivernois, et de Paul-Augustin *de Bréchard*, chevalier, seigneur de Brienne; Jean-Vincent chevalier *de St.-Phalle*, seigneur de Champagne, chevalier de St.-Louis; Charles *de Failly*, écuyer, seigneur de Chifort, tant en son nom, que comme chargé des pouvoirs de Eustache-Robert *de Chéry*, chevalier, seigneur en partie de Lancray, et de Nicolas *Gannay*, chevalier, seigneur du Pavillon; Charles-François *de Saulieu de Saincaize*, chevalier de St.-Louis, seigneur des grands et petits Marais, tant en son nom qu'en celui de dame Marie-Victoire *Brisson de Saulieu*, dame de Saincaize et de Gigny, et de Honoré *de Virgille*, chevalier, seigneur de Clameron et des Boutards; Claude-Charles *Prisye de la Marche*, écuyer, seigneur de Froidfond; Jacques-Claude *de Bèze*, écuyer, chevalier de St.-Louis, capitaine d'infanterie, lieutenant de nos seigneurs les maréchaux de France, tant pour lui que pour Jules-César *le Muet de Thurigny*, écuyer, seigneur de la Poté et baronie d'Asnois, et Louis-Charles-Claude *Duverne*, chevalier, seigneur d'Orgue, lieutenant des vesseaux du roi et chevalier de St.-Louis; Henry-François *Lepain de Bussy*, chevalier, seigneur de Soultrait; Guillaume *Lepain*, écuyer, seigneur de Charly et Bois Mercier, tant pour lui que pour Claude *Martenne*, écuyer, seigneur du fort de Lanty, et Alexandre-Paschal-Marc *de la Chasseigne*, chevalier, seigneur de Peugny et autres; Pierre-Claude *de Courvol*, chevalier, seigneur de Chary et la Bretonnière, capitaine d'infanterie, chevalier de St.-Louis, et aussi chevalier novice de l'ordre de St.-Lazare et Notre-Dame-du-Mont-Carmel, tant en son nom que celui de Claude-Joachim, chevalier *de Chabannes*, seigneur par indivis de Vué, Apiry et autres; Louis-Philippe *Duverne de Marancy*, chevalier, seigneur de Marancy et autres, capitaine d'infanterie, chevalier de St.-Louis, tant en son nom que comme chargé du pouvoir de Pierre *de Chazal*, chevalier, seigneur de la Villeneuve-les-Bonnay; François de *Saulieu*, chevalier, ancien officier au régiment de Limosin, infanterie; Jacques-Louis, vicomte *de la Ferté-Meun*, seigneur de Saulière, tant en son nom, que comme fondé de pouvoirs de Jacques-Marie *de la Ferté-Meun*, chevalier, seigneur en partie de Champdioux; Pierre *de Virgille*, écuyer, seigneur de Mezeray, et François *de Virgille*, écuyer, seigneur de St.-Michel; tous les deux représentés par François *de Saulieu*, ci-dessus comparant; Hugues-Michel, comte *de Charry*, chevalier, seigneur de Lurcy-le-Bourg et autres, tant pour lui que pour Philippe-Germain, vicomte *du Bois d'Aisy*, chevalier, seigneur de Guipy et Prélichy, capitaine de cavalerie, et de Philippe-Anne *de Gannay*, chevalier, seigneur de Pazy et St.-Grémange; Pierre-Florimond *de la Venne de Passansay*, écuyer, ancien officier d'infanterie, tant en son nom que comme chargé des pouvoirs de Pierre-Constant, marquis *de Certaine*, chevalier, seigneur de Laché, Monas et autres, et de Antoine *de la Venne*, chevalier, seigneur de Saint-Maurice; Jean-Marc *Quesnay de Beauvoir*, écuyer, seigneur de Beauvoir et Beaurepaire, ancien gendarme de la garde ordinaire du roi, tant pour lui que pour Blaise-Guillaume *Quesnay*, écuyer, seigneur de St.-Germain-en-Viry, et pour Robert marquis *de Chéry*, chevalier, seigneur de Gimouille, Agland et autres; Antoine-François *de Villars*, écuyer, seigneur de Fabiargues, commissaire des classes de la marine, tant en son nom, que comme fondé de pouvoir de Paul-Louis *de Gannay*, chevalier, seigneur de Visigneux et de Pron, et de Charles *de Chargère*, écuyer, seigneur de la Cœudre et du fief du Guay, chevalier de St.-Louis; Jacques *Ducrest*, chevalier, seigneur du Breuil, tant pour lui que pour Bertrand *Paignon*, curé de la paroisse de Lichy, propriétaire du fief de Chézal, et pour Jean-Jacques *Pierre*, chevalier, seigneur de Saincy, Frânay et autres; André-Jacques-Jean-Népomucène *de Bèze*, écuyer, seigneur de Vesvre et du fief de Tannay, gendarme de la garde réformée, tant pour lui à cause de son fief de Tannay, que pour Guillaume *Potrelot de Grillon*, écuyer, seigneur de Montécot, et de dame Magdelaine *du Sarray de Grillon*, dame de la seigneurie Duplessis; Henri, baron *de la*

Bussière, chevalier, seigneur de la Motte-Sembrève et autres, tant en son nom que comme fondé de pouvoir de Pierre-Jacques-François *de la Pigue*, chevalier, seigneur en partie de Bulcy; Simon *de Turpin*, écuyer, tant en son nom, que comme fondé de pouvoir de Constantin *Gravier*, comte *de Vergennes*, ministre plénipotentiaire du roi près l'électeur de Trèves, seigneur du fief de Passy en Nivernois, et de Eusèbe-Félix *Chaspoux*, chevalier, marquis *de Verneuil*, grand échanson de France, seigneur de Dorne en Nivernois; Charles-François, marquis *de Bonnay*, mestre de camp de cavalerie, sous-lieutenant des gardes du corps du roi, seigneur de Lucenay-les-Aix et la Grange, tant en son nom qu'en celui de dame Louise-Charlotte *de Méru*, comtesse *du Ligondès*, dame de Salle, Bernay et autres; Amable-Charles *de Champs*, chevalier, seigneur du Creuset et autres, tant en son nom que pour Gaspard-Antoine, comte *de Prévost*, chevalier, seigneur de Germancy, Crécy, le Chanay et autres, chevalier de St.-Louis, et pour Guillaume-Amable *de Champs*, seigneur en partie du Fournay et autres; Etienne-François, comte *de Berthier-Bizy*, chevalier, seigneur de Bizy, des Fougis et autres, tant en son nom que comme fondé de pouvoir de dame Louise *de Las de Prye*, marquise *du Bourg*, dame de St.-Benin, d'Azy et autres, et de Pierre *Babaud de la Chaussade*, écuyer, seigneur de Beaumont-la-Ferrière, Sichamps et dépendances; Charles-Louis-David *le Peletier*, comte *d'Aunay*, colonel, inspecteur du régiment de colonel-général, cavalerie, tant en son nom qu'en celui de Louis-Michel *le Peletier de St.-Fargeau*, président à mortier en la cour du parlement de Paris, seigneur de Pesselière, Montbafault et la Mothe-les-Vaux en Nivernois, et de Charles-François-Nicolas *Brisson*, conseiller au parlement de Paris, seigneur de Montalin; François-Philippe *le Bourgoing de la Beaume*, chevalier, capitaine d'infanterie, chevalier des ordres royaux, militaires et hospitaliers de St.-Lazare de Jérusalem, et de Notre-Dame-du-Mont-Carmel, tant pour lui que pour Germain *de Meun de la Ferté*, vicaire-général du diocèse de Lizieux, seigneur de Lacave, et pour Anne *de Meun*, vicomte *de la Ferté*, chevalier, seigneur de Challement; Jean-Baptiste *de Voisin*, écuyer, chevalier novice des ordres royaux et militaires de St.-Lazare et de Notre-Dame-du-Mont-Carmel, tant pour lui que pour dame Anne-Elisabeth *Deschamps de Pravier*, baronne *de Nuchèse*, dame de Planchevienne, et Michel-Claude *de Nuchèse*, chevalier, baron *de Nuchèse*, seigneur de St.-Georges et Tronsec; Emilan *du Crest*, chevalier, seigneur de St.-Michel; Paul-Augustin-Marie *de Bréchard*, chevalier, seigneur de Brinay, tant pour lui que pour Pierre *de Bréchard de Lacour*, et Joseph-Marie *de Bréchard de Chamonot*, tous co-seigneurs de Brinay, Chamonot-Lacour; Philibert-François *Sallonyer de la Mothe*, écuyer, lieutenant de nos seigneurs les maréchaux de France; Angélique-Louis-Marie *de Rémigny de Joux*, marquis de Rémigny, seigneur de Cigogne, Dumflun et autres; Marie-Barthélemi, comte *de Bar*, seigneur de Limanton et Sauzay; Etienne *de Damas de Crux*, chevalier non profès de l'ordre de St.-Jean de Jérusalem, chevalier de St.-Louis, colonel du régiment de Véxin, tant pour lui que pour dame Anne-Thérèse-Françoise *Grassin*, comtesse *de Percy*, dame des Granges, Sailly et autres, et pour Charles-Armand-Auguste Pons, vicomte *de Pons*, seigneur de Champlemy, Neuville et les Conges en Nivernois; Jean-Baptiste *Truitié de Varreux*, chevalier, seigneur de Villecourt, Monceaux, Mirebeau et autres, lieutenant du roi de la province de Nivernois, tant en son nom que comme chargé du pouvoir de François *Sallonyer de Montviel*, chevalier, seigneur de Chapan, Edme-Jean-Baptiste *de la Bussière*, chevalier, et aussi novice des ordres royaux, militaires et hospitaliers de Notre-Dame-du-Mont-Carmel et de St.-Lazare, tant pour lui que pour Jean-Baptiste-Auguste *de Mazens*, chevalier, baron *de Bony*, seigneur de Dampierre, Ville-Vaux et autres; Edme *Andras*, vicomte *de Marcy*, chevalier, seigneur de Cougny et autres, tant pour lui que pour Pierre-Charles *Andras*, comte *de Marcy*, baron de Poiseux, et Charles *Andras*, chevalier *de Marcy*, seigneur de Changy et Tregny; Louis-Alexandre *de Courvol*, chevalier, seigneur de Lucy, officier au régiment de Limosin, tant en son nom qu'en celui de dame Marie-Anne *de la Tournelle*, comtesse *de Courvol*, dame de Reugny, et de François-Emmanuel, vicomte *de Toulongeon*, seigneur de Fosay, Jean-Alexandre, marquis *de Prévost de la Croix*, chevalier, seigneur de Lamenay, en partie de Ris et autres, capitaine de dragons, tant pour lui que pour Jean-François *de Bourgoing*, major du régiment du duc d'Angoulême, chevalier de St.-Louis, ministre plénipotentiaire du roi auprès des princes et états du cercle de la basse Saxe, et seigneur de Charly en Nivernois, et pour pierre *Thevenet*, curé de Lamenay, seigneur de Maulais; Etienne-Jean *Gayault*, chevalier, seigneur, baron *de Maubranches*, capitaine de dragons, et lieutenant de nosseigneurs les maréchaux de France, seigneur de Cru, Naubois, la Garde et autres, tant en son nom que comme chargé du pouvoir de Louis-Pierre, comte *de Jaucourt*, maréchal des camps et armées du roi, seigneur de Brinon, Courcelles, Neuville et autres en Nivernois; et de Philippe-Charles-François *Paparel de*

11.

Vitry, chevalier, seigneur d'Agnon et autres, chevalier de St.-Louis, ancien capitaine de cavalerie ; Joseph-Henri-Camille-Marie *Fournier*, vicomte *d'Armes*, tant pour lui que pour Louis-Antoine, vicomte *de Chabannes*, seigneur de Vué et Apiry, Argoulais et autres ; François-Hyacinthe, marquis *de Lichy de Lichy*, capitaine de cavalerie, tant en son nom, qu'en celui de Jacques-Gabriel, comte *de Lichy de Lichy*, seigneur de Lichy, Chevroux et autres, mestre de camp de cavalerie, et de Jean-Joseph, comte *le Borgne*, chevalier, seigneur de la Pommeraye et autres ; Jean-Joseph *de Voisins*, chevalier, capitaine au régiment d'Agenois, tant en son nom, qu'en celui de Jean-Gilbert *Faure*, écuyer, seigneur de Beaumont, et de dame Louise-Jeanne Guyonne *Ogier d'Ivry*, comtesse *Ducrest*, dame de Villaine, Neuvelle, Grandry et autres ; Antoine-Louis-François *de Viel*, marquis *d'Epeuilles*, capitaine de dragons, seigneur d'Epeuilles, Varigny, Fuzilli et autres, tant en son nom, que comme chargé du pouvoir de François-Joseph *le Lièvre*, marquis *de la Grange*, commandeur de l'ordre royal et militaire de St.-Louis, seigneur de la Grange, Attilli, Beaurepaire et autres, et de Ambroise-Polycarpe *de la Rochefoucauld*, duc de *Doudeauville*, Elizabeth-Pierre *de Fezensac*, baron *de Montesquiou*, Louis-Marie-Céleste *d'Aumont*, duc *de Pienne*, tous trois seigneurs par indivis du marquisat de Villequiers et Montfaucon ; Charles-François *de Saulieu de la Chomonerie*, chevalier et aussi chevalier de St.-Louis ; Antoine-Pierre *de Viel*, comte *de Lunas*, capitaine de cavalerie, seigneur de Marigni, la Montagne et autres, tant pour lui que pour Elie, vicomte *d'Ugon*, chevalier, seigneur de Mouche en Nivernois, et pour Henri-Georges-César, comte *de Châtelux*, maréchal des camps et armées du roi, vicomte d'Avalon, seigneur de Roussillon et autres ; Jacques-Louis, marquis *de la Ferté-Meun*, capitaine au corps de carabiniers, tant en son nom, qu'en celui de François, comte *de la Ferté-Meun*, seigneur de Monceau et autres, et de Pierre-François *Aimon de Montépin*, chevalier, seigneur de Montgason et Soucy ; Charles *de la Venne de la Montoise*, écuyer, chargé du pouvoir de Jacques-François *de la Venne de Sichamps*, écuyer, seigneur de Sanizy ; Charles-Florimond *de la Venne*, chevalier, lieutenant au régiment de Barrois ; Antoine-Henri *de Rémigny de Joux*, chevalier de l'ordre de St.-Jean de Jérusalem ; Jacques *Gascoing du Chaseault*, chevalier, seigneur du fief du Pressour, officier à la suite des chasseurs de Hainault, tant en son nom qu'en celui de dame reine *de la Ferté de Meun Guillier de Cromas*, dame en partie de la terre et seigneurie de Chandier et de Yves-Antoine *de la Ferté de Meun*, chevalier, seigneur de Pierrefitte, ancien major d'infanterie ; Guillaume *de Pallierne*, écuyer, seigneur de la terre de Beaugy, tant pour lui que pour Jean-Pierre *de Pallierne de Seaux*, écuyer, seigneur dudit Seaux, et pour demoiselle Marie-Anne *de Chéry*, dame *de Lancray ;* Armand-Sigismond-Félicité-Marie, comte *de Sérent*, seigneur de Mhère et Vaucloix, tant en son nom, que comme chargé du pouvoir de dame Françoise-Léontine *de Prunelé*, dame *de Fonfaye*, la Celle-sur-Loire, Dregny et Sauvigny, et de Abraham-Frédéric, vicomte *d'Hautefort*, maréchal des camps et armées du roi, seigneur du comté de Neuvy et la Celle-sur-Loire et autres ; Jacques-Florimond *de la Venne*, écuyer, seigneur de Choulot ; Louis-François, comte *de Bréchard*, chevalier, seigneur d'Achun et Pouilli ; Adrien *Godard de la Belouze*, écuyer, tant en son nom que comme fondé de pouvoir de Guillaume *Godard*, écuyer, seigneur de la Motte-Charante, capitaine de cavalerie; Louis-Alexandre *Andrault*, comte *de Langeron*, colonel attaché au régiment d'Armagnac, seigneur de Langeron et autres, en Nivernois, tant pour lui que pour Charles *de Thyard de Bissy*, comte *de Thyard*, lieutenant-général des armées du roi et chevalier de ses ordres, baron de Vaux en Nivernois, et pour Louis-François-Marc-Hilaire *de Conzié*, évêque d'Arras, seigneur de Druyes-les-Fontaines, Montputois, Pierrefitte, la Bretonière, chevalier, lieutenant des vaisseaux du roi, tant en son nom qu'en celui de Pierre-Henri *de Noury*, chevalier, seigneur de Chaumigny et Vroux en partie, capitaine de grenadiers au régiment du colonel général, chevalier de St.-Louis, et de Louis-Alexandre *Duverne de Praîle*, chevalier, seigneur de Giverdy, capitaine de dragons, écuyer de monseigneur le comte d'Artois; Louis-Antoine, vicomte *de la Ferté-Meun*, lieutenant des vaisseaux du roi, tant en son nom que comme chargé du pouvoir de Marie-François-Joseph-Xavier-Népomucène *Collin de Gévaudan*, chef d'escadron au régiment des chasseurs de Lorraine, seigneur de Concley en Nivernois, et d'Antoine-Nicolas-François-Xavier, marquis *de Fussey*, chevalier, seigneur du Tremblay, Isenay, Savigny et autres; Antoine-François-Philippe *Dubois des Cours*, marquis *de la Maisonfort*, tant pour lui, que pour demoiselle Rose-Esther *Dubois des Cours de la Maisonfort*, dame du fief de Seiez, et pour Pierre-Marie-Camille *Fournier*, comte *d'Arthel*, capitaine au régiment dauphin, cavalerie, seigneur par indivis d'Arthel.

La liste ainsi faite, sur la proposition de monsieur le bailli, il a été décidé unanimement que la nomination du secrétaire de la noblesse, au lieu de se faire à haute voix, se ferait au scrution, et les trois membres plus anciens d'âge ayant été priés de vérifier ce scrutin, auquel il a été procédé aussitôt, la majorité des suffrages s'est trouvée en faveur de monsieur *Gayaut de Meaubranches*, capitaine de dragons, et lieutenant des maréchaux de France. La même majorité a décidé également que le secrétaire de la chambre de la noblesse serait de droit une des commissaires pour la rédaction de ses cahiers, et elle a fixé le nombre de ces commissaires à douze, en y comprenant ledit secrétaire. L'assemblée a été ajournée au lendemain, à neuf heures du matin.

Signé, LE ROI DE PRUNEVAUX, bailli d'épée.

GAYAULT DE MAUBRANCHES, secrétaire.

OUVRAGES CITÉS

DANS

L'ARMORIAL DU NIVERNAIS.*

IMPRIMÉS.

ABRÉGÉ chronologique et historique de l'origine, du progrès et de l'état actuel de la maison du roi et de toutes les troupes de France, etc. Par M. Simon Lamoral Lepippre de Nœufville. *Liège, Everard Kints*, 1734-1735, 3 vol. in-4, nombr., blas. et fig.

L'ANCIEN BOURBONNAIS, histoire, monuments, mœurs, statistique, par Achille Allier, continué par Ad. Michel, *Moulins, Desrosiers*, 1836-1838, 2 vol in-fol. et un atlas de pl.

(*) Notre intention, en donnant cette espèce de dictionnaire bibliographique, n'est pas d'apprécier le plus ou moins de valeur des ouvrages cités par nous, nous avons seulement voulu donner l'indication exacte de ces ouvrages et documents, afin, comme nous le disons dans notre avant-propos, de faciliter les recherches de ceux de nos lecteurs qui voudraient constater l'exactitude de nos citations.

Nous donnons d'abord la liste des ouvrages imprimés, nous passerons ensuite aux manuscrits.

ARCHIVES de Nevers, ou Inventaire historique des titres de la ville, par Parmentier, précédé d'une préface, par A. Duvivier. *Paris, Techener*, 1842, 2 vol. in-8.

ARCHIVES généalogiques de la noblesse de France, publiées par M. Lainé. *Paris, l'Auteur*, 1828-1847, 7 vol. in-8, blas.

ARMORIAL des principales maisons et familles du royaume, par Dubuisson. *Paris, Guérin*, 1757, 2 vol. in-12, fig.

Ouvrage recherché et peu commun ; il donne près de 4,000 écussons gravés sur cuivre.

ARMORIAL général de l'empire français, par Henry Simon. *Paris, l'Auteur*, 1812, 2 vol. in-fol.

ARMORIAL général de France, par d'Hozier. *Paris, J. Collombat*, 1738-1768, 12 vol. in-fol. fig.

Ouvrage recherché qui se trouve rarement complet ; il doit contenir 6 registres. M. A. P. M. d'Hozier a publié les 2 premiers volumes d'une nouvelle édition de cet ouvrage (in-4. Paris, imprimerie royale, 1821-1823.), mais cette publication n'a pas été continuée.

(ARMORIAL DES) GOUVERNEURS, lieutenants du roy, prévôts des marchands, échevins, procureurs, avocats du roy, greffiers, receveurs, conseillers et quartiniers de la ville de Paris, gravées par Beaumont, S. l. n. d. in-fol. fig.

Armorial dressé dans la seconde moitié du XVIIIe siècle.

ARMORIAL des familles nobles de France, par M. de St.-Allais. *Paris, l'auteur*, 1817, in-8. fig. (1re livraison, la seule qui ait paru.)

L'ART héraldique, contenant la manière d'apprendre facilement le blason, enrichi de figures nécessaires pour l'intelligence des termes, par M. Baron. *Paris, Osmont*, 1689, in-12, front. fig.

Il existe plusieurs éditions de cet ouvrage antérieures à celle-ci et moins complètes.

Les bibliothèques françaises, de la Croix-du-Maine et de Duverdier. Nouvelle édition, revue, corrigée et augmentée par Rigoley de Juvigny. *Paris, Saillant et Nyon*, 1772, 6 vol. in-4.

Le blason des armoiries de tous les chevaliers de l'ordre de la Toison d'or, par J. B. Mavrice. *Lahaye, J. Rammazeyn*, 1667, in-fol. nombr. blas.

Le blason en plusieurs tables et figures avec des remarques, et deux alphabets, par P. Duval. *Paris*, S. d. in-12, fig.

Calendrier des princes et de la noblesse de France, pour l'année 1766, par l'auteur du dictionnaire généalogique, héraldique, etc. (Lachesnaye des Bois). *Paris, veuve Duchesne*, 1766, pet. in-18.

Catalogue et armoiries des gentilshommes qui ont assisté à la tenue des états généraux du duché de Bourgogne, etc., (par Durand). *Dijon, J.-F. Durand*, 1760, in-fol. blas. Rare.

Catalogue analytique des archives de M. le baron de Joursanvault. *Paris, Techener*, 1838, 2 vol. in-8.

Ce catalogue offre l'inventaire détaillé de toutes les pièces qui composaient la précieuse collection de chartes et de documents originaux, concernant l'histoire de France, l'histoire des provinces, celles de la noblesse et l'art héraldique, de M. de Joursanvault.

Dictionnaire raisonné de diplomatique, par D. de Vaines. *Paris, Lacombe*, 1774, 2 vol in-8. fig.

Dictionnaire héraldique contenant les armes et blasons

des princes, prélats, grands officiers, etc., par Jacques Chevillard le fils. *Paris, l'Auteur*, 1723, in-12.

Cet ouvrage, fort rare et curieux, se compose de planches gravées sur cuivre, donnant une grande quantité d'écussons, avec le nom des familles, mais sans texte.

Dictionnaire héraldique, par M. G. de L. T. (Gastelier de la Tour.) *Paris*, 1777, in-12. fig.

Dictionnaire de la noblesse, par l'abbé de Lachesnaye des Bois. *Paris*, 1770-1786, 15 vol. in-4. fig.

Il est difficile de trouver des exemplaires complets de cet ouvrage, peu estimé du reste; les trois derniers volumes, publiés par Badier, sont surtout fort rares, une grande partie des exemplaires de ce supplément ayant été détruite pendant la révolution.

Le dictionnaire généalogique, publié par Lachesnaye des Bois, de 1757 à 1765, en 7 vol. in-8, y compris le supplément, peut être regardé comme une première édition du dictionnaire de la Noblesse.

Dictionnaire universel de la noblesse de France, par M. de Courcelles. *Paris, l'Auteur*, 1820-1822, 5 vol. in-8. fig.

Etrennes de la noblesse pour l'année 1771. *Paris, Desventes de la Doué*, pet. in-12.

Gallia Christiana, Sammarthani fratres (Scœvola et Ludovicus), seu series omnium archiepiscoporum, episcoporum et abbatum franciæ, etc... Aucta opera et studio Dion. Sammarthani et aliorum monachorum ex ordine S. Benedicti. *Parisiis, e typ. reg.* 1715-1785, 13 vol. in-fol.

Seconde édition de cet important ouvrage, qui malheureusement est resté imparfait, il faudrait au moins trois volumes pour le compléter; le 14ᵉ volume était sous presse en 1789, mais on s'est arrêté après l'impression des deux premières feuilles. Les treize volumes publiés ne se trouvent que difficilement complets.

Généalogie de la maison de Courvol, en Nivernais, dressée sur les titres originaux et sur les jugements d'intendants. S. l. 1753, in-4.

Cette généalogie, fort détaillée et d'une grande importance pour l'histoire des familles du Nivernais et même pour celle de la province, eut deux éditions : la première, imprimée en 1750, fut trouvée insuffisante, et trois ans après parut celle dont il est ici question.

La généalogie commence au xiᵉ siècle et continue jusqu'aux grands-pères de MM. *de Courvol de Lucy, Charles et Frédéric de Courvol,* les seuls représentants mâles actuels de cette noble famille.

Histoire dv Berry abrégée dans l'éloge panégyrique de la ville de Bovrges, par le P. Philippe Labbe. *Paris, G. Meturas*, 1647, pet. in-12.

Histoire de Berry, contenant tovt ce qvi regarde cette province et le diocèse de Bourges : la vie et les éloges des hommes illustres : et les généalogies des maisons nobles, tant de celles qui sont éteintes que de celles qui subsistent à présent, par Gaspard Thavmas de la Thavmassière. *Bourges et Paris, Morel,* 1689, in-fol.

Nouvelle histoire du Berry, avec les histoires héraldiques, généalogiques, chronologiques des maisons et familles nobles les plus connues dans le Berry, par M. Pallet. *Paris, Monory et Bourges, l'Auteur,* 1783-1784, 3 vol. in-8.

Cette histoire n'est, à proprement parler, qu'une reproduction de l'ouvrage de la Thaumassière.

Histoire de Bourgogne, par D. Urbain Plancher. *Dijon*, 1739, 4 vol. in-fol. fig.

Histoire de Bresse et de Bugey, etc., par Samuel Guichenon. *Lyon, Hvgvetan*, 1650, in-fol. blas.

Histoire des chanceliers et gardes des sceaux de France; enrichie de leurs armes, blasons et généalogies; par Fr. Duchesne. *Paris*, 1680, in-fol. blas.

Histoire des chevaliers hospitaliers de St.-Jean de Jérusalem, par M. l'abbé de Vertot. Nouv. édit. augm. *Paris, Despilly*, 1772, 7 vol. in-12.

Le 7ᵉ volume de cette histoire contient la nomenclature et la description des armoiries de presque tous les chevaliers de Malte, depuis la fondation de l'ordre.

Histoire dv bon chevalier messire Iacques de Lalain, frère et compagnon de l'ordre de la Toison d'or, par George Chastellain. *Bruxelles, Anthoine*, 1634, pet. in-4.

Histoire généalogique de la maison du Châtelet, branche puînée de la maison de Lorraine, par D. Aug. Calmet. *Nancy*, 1741, in-fol. fig. et blas.

Histoire généalogiqve de la maison de France, avec les illvstres familles qvi en sont descendves, par Scevole et Lovis de Saincte-Marthe. *Paris, A. Pacard*, 1619, 2 vol. in-4. blas.

Histoire généalogique et chronologique de la maison royale de France, des pairs, grands officiers de la couronne et de la maison du roy et des anciens barons du royaume, etc., par le P. Anselme, continuée par M. du Fourny; 3ᵉ éd. rev. corr. et augm., par les soins du P. Ange et du

P. Simplicien. *Paris, libraires associés,* 1726-1733, 9 vol. in-fol. blas.

Histoire du pays et duché de Nivernois, par M⁀ Guy Coquille. *Paris, l'Angelier,* 1612, in-4.

Histoire généalogique et héraldique des pairs de France, des grands dignitaires de la couronne, des principales familles nobles du royaume, et des maisons princières de l'Europe, précédée de la généalogie de la maison de France, par M. de Courcelles. *Paris, l'Auteur et Arth. Bertrand,* 1822-1833, 12 vol. in-4. blas.

Cet ouvrage devait avoir vingt volumes, il n'a pas été continué.

Histoire abrégée ou éloge historique de la ville de Lion. *Lion, Girin,* 1711, in-4. cartes et blas.

Cet ouvrage donne les armoiries de tous les officiers municipaux de la ville de Lyon, depuis 1596 jusqu'à 1711. Un supplément, qui se trouve ordinairement à la suite de l'ouvrage, continue la liste et les armoiries des prévôts des marchands et des échevins jusqu'en 1726; enfin, l'ouvrage a été complété par une suite lithographiée qui va jusqu'à la révolution.

Insignia gentilititia eqvitvm ordinis velleris avrei, fecialivm verbis envntiata; a Ioanne Iacobo Chiffletio, etc. Latine et gallice prodvcta. Le blason des armoiries de tous les chevaliers de l'ordre de la Toison d'or, depuis la première institution jusqu'à présent. *Autverpiæ, ex officina Plantiniana Balthasaris Moreti,* 1632, in-4. blas.

Les mémoires de messire Michel de Castelnau, etc., avec l'histoire généalogique de la maison de Castelnau, et les généalogies de plusieurs maisons illustres, par J. le Laboureur. *Bruxelles, Léonard,* 1731, 3 vol. in-fol. portr. et blas.

Cette troisième édition des mémoires de Castelnau est bien plus complète que les précédentes en 1 et 2 volumes, elle fut éditée par Jean Godefroy. Les généalogies sont dans le 3ᵉ volume.

Mémoires pour servir à l'histoire du département de la Nièvre, commencés par Jean Née de la Rochelle, continués par Pierre Gillet, corrigés, augmentés et mis en nouvel ordre par J. F. Née de la Rochelle. *Bourges, Souchois et Paris, Merlin*, 1827, 3 vol. in-8.

Mémoires pour servir à l'histoire du Nivernois et Donziois, avec des dissertations, par M. Née de la Rochelle. *Paris, Moreau*, 1747, in-8.

La nouvelle méthode raisonnée du blason, pour l'apprendre d'une manière aisée, par le P. C. F. Menestrier. *Lyon, Bruyset-Ponthus*, 1754, in-12, fig.

Les diverses éditions de cet ouvrage estimé sont rares et recherchées.

Le Nivernois, Album historique et pittoresque, publié par MM. Morellet, Barat, E. Bussière. *Nevers, E. Bussière*, 1838-1840, 2 vol. grand in-4. nombr. fig.

Nobiliaire universel de France, ou Recueil général des généalogies historiques des maisons nobles de ce royaume, par MM. de St.-Allais et de la Chabeaussière; continué par M. Ducas. *Paris, Patris*, 1814-1843, 21 vol. in-8, blas.

Noms féodaux, ou noms de ceux qui ont tenu fiefs en France, depuis le xiiᵉ siècle jusque vers le milieu du xviiiᵉ, extraits des archives du royaume, par un membre de l'académie des inscriptions et belles lettres (Béthancourt.) Première partie (seule publiée) relative aux provinces d'Anjou, Aunis, Auvergne, Beaujolais, Berry, Bourbonnois, Forez, Lyonnois, Maine, Marche, Nivernois, Saintonge, Touraine, partie de l'Angoumois et du Poitou. *Paris, Beaucé-Rusand*, 1826, 2 vol. in-8.

Cet ouvrage, peu connu et fort utile pour les recherches historiques et généalogiques, est rare, quoique peu ancien, l'auteur ayant lui-même détruit une partie de l'édition.

Notice historique sur Decize, ancienne ville du Nivernois, par F. Girerd. *Nevers, Duclos et Fay*, 1842, grand in-8. fig.

Cette intéressante notice, tirée à petit nombre dans ce format, a paru dans l'Annuaire de la Nièvre pour 1843.

De l'origine des noms, par Jean-Denis Cvsset, advocat au siége de Clermont. *Lyon, Claude Moret*, 1595, in-12.

Fort rare.

Le parlement de Bovrgongne, son origine, son établissement et son progrès : avec les noms, svr-noms, qvalités, armes et blasons des présidents, chevaliers, conseillers, etc., par Pierre Paillot. *Dijon, Paillot*, 1649. — Continuation de l'histoire du parlement de Bourgogne, depuis 1649 jusqu'en 1733, par Franç. Petitot. *Dijon*, 1733, 2 tom. en 1 vol. in-fol. fig. et nombr. blas.

Les présidents à mortier et les conseillers au parlement de Paris, et les maistres des requestes de l'hostel du roy; par F. Blanchard. *Paris, Besongne,* 1647 et *Legras,* 1670, 3 par. en 1 vol. in-fol. blas.

Le recveil des armes de plvsievrs nobles maisons et familles tant eclésiastiques, princes, ducs, marquis, comtes, barons, cheualiers, escuyers et autres selon la forme que l'on les porte de présent en ce royaume de

France blasonée et augmenté de nouuaux (*sic*). Par Magneney. *Paris, Claude Magneney*, 1633, pet. in-fol. nombr. pl.

Rare et curieux.

RECVEIL des roys de France, levrs couronne et maison, par Jean Dv Tillet. *Paris, J. Dupuy*, 1587, in-fol.

REVUE historique de la noblesse fondée par A. Borel d'Hauterive, publiée sous la direction de M. de Martres. *Paris*, 1840-1847, grand in-8, fig. et blas.

Le tome IV de cette intéressante revue se termine en ce moment.

LE ROY d'Armes, ou l'art de bien former, charger, briser, timbrer, parer, et par conséquent blasonner toutes sortes d'armoiries, par le P. Marc Gilbert de Varennes. *Paris, Billaine*, 1635, in-fol. blas.

Cet ouvrage peu commun est assez recherché.

LA VRAIE et parfaite science des armoiries ou l'indice armorial, etc. ; par P. Paillot. *Dijon*, 1660, in-fol. nombr. fig.

Ouvrage rare, fort recherché, et l'un des plus utiles pour l'étude du blason.

LA SCIENCE héroïque, traitant de la noblesse, de l'origine des armes, de leurs blasons, etc., par Marc de Vulson, sieur de la Colombière. *Paris, S. Cramoisy*, 1644, in-fol. fig. et blas.

Selon Barbier (anonymes 2° 16861.) Cet ouvrage a été composé par D. Salvaing de Boissieux ; on en a fait deux éditions.

SOUVENIRS du bon vieux temps dans le Nivernais et dans

le Baziais, par Jaubert aîné. *Nevers, Duclos*, 1837, in-12, fig.

Tableau généalogique et historique de la noblesse, par Waroquier de Combles. *Paris, Nyon*, 1786-1789, 3 vol. pet. in-18.

Tablettes historiques, généalogiques et chronologiques. *Paris, Legras*, 1752, 9 vol. in-24.

On trouve dans cet ouvrage l'indication des érections de beaucoup de seigneuries en marquisats, comtés, etc.

Le vray théâtre d'honneur et de chevalerie, ou le miroir héroïque de la noblesse, etc. ; par Marc de Vulson de la Colombière. *Paris Aug. Courbé*, 1648, 2 vol. in-fol. fig.

Ouvrage très-curieux et fort recherché. Les deux volumes se trouvent quelquefois séparés parce qu'ils forment chacun un ouvrage distinct.

Traité de la noblesse et de toutes ses différentes espèces. Nouvelle édition augmentée des traités du blason des armoiries de France; de l'origine des noms, sur-noms, et du ban et arrière-ban; par M. de la Roque. *Rouen, Pierre le Boucher*, 1735, in-4.

Trésor généalogique, ou extraits des titres anciens qui concernent les maisons et familles de France et des environs, connues en 1400 ou auparavant, dans un ordre alphabétique, chronologique et généalogique, par Dom Caffiaux. *Paris, P. D. Pierres*, 1777, in-4, (1er vol.)

Ce premier volume est le seul qui ait paru; il existe aux manuscrits de la bibliothèque royale une collection, faite par D. Villevieille, qui continue le trésor généalogique.

Trésor héraldique, ou Mercure armorial, par Charles Segoing. *Paris*, 1657, in-fol. fig.

Le même ouvrage, ou à peu près, avait paru cinq ans auparavant sous ce titre: *Mercure armorial, enseignant les principes et éléments du blason des armoiries, par Segoing.* Paris, 1652, in-4, fig.

DOCUMENTS MANUSCRITS.

Armorial d'Auvergne, Bourbonois et Forets (*sic*), manuscrit sur parchemin grand in-4., *aux manuscrits de la bibliothèque royale, collection Gaignières*, n° 2896.

Ce curieux armorial qui renferme, outre une immense quantité d'écussons, des dessins de beaucoup de villes et de châteaux de l'ancien domaine des ducs de Bourbon, a été dressé par Guillaume Revel, dit *Auvergne*, héraut d'armes du roi Charles VII.

Armorial de Bourgogne. Manuscrit sur papier du XVIIIe siècle, 2 vol. pet. in-fol. *à la bibliothèque de l'Arsenal.*

Armorial des évêchés de France, manuscrit sur papier oblong, in-4, *aux Estampes de la bibliothèque royale, sous ce titre:* Eglise de France, n° 6094.

On trouve dans cet armorial, dressé en 1727 par Naquet, les armoiries de tous les évêchés de France, celles des chapitres, des cathédrales, celles des villes épiscopales, et enfin celles des évêques qui occupaient les divers siéges épiscopaux à l'époque où l'armorial a été composé.

Armorial de la généralité de Moulins. Manuscrit sur papier, in-fol. *Aux manuscrits de la bibliothèque royale.*

On lit sur la première page: *Estat des armoiries des personnes et communautés desnommées cy après, envoyées aux bureaux establis par M. Adrien Vanier, chargé de l'exécution de l'édit du mois de novembre dernier, pour estre présentées à nos seigneurs les commissaires généraux du conseil députés par Sa Majesté, par arrests des 4 décembre 1696 et 23 janvier 1697.*

On trouve aussi aux manuscrits de la bibliothèque royale les armoriaux des autres généralités, cités dans le cours de cet ouvrage.

Armorial manuscrit du Nivernois, manuscrit sur pap. in-4, blas. col. *Aux manuscrits de la bibliothèque royale, suppléments français, n° 1095.*

On lit sur la première page de cet armorial : *cy après sont les armes, noms et surnoms d'une partie des gentilshommes et bourgeois de Nivernois et de la ville de Nevers.* Puis plus bas : *Ce livre cy dessus a esté faict pour la curiosité du sieur de Challudet, et en l'an* 1638.

Armorial manuscrit des villes de France, manuscrit sur papier in-4, 2 vol. blas. col.

Nous devons la communication de ce curieux armorial, dressé au XVIIIe siècle, à l'obligeance de M. Girault de St.-Fargeau, le savant auteur du Dictionnaire des villes et communes de France.

Inventaire général des titres de la maison de Nevers, 5 vol. Manuscrits in-4, sur pap. *Aux manuscrits de la bibliothèque royale.*

Cet inventaire, de la plus grande importance pour notre histoire nivernaise, a été dressé en 1638 par l'abbé de Marolles qui avait été chargé de cette mission par la princesse Marie de Gonzague.

Manuscrits de Duchesne, 130 vol. man. petit in-fol. *Aux manuscrits de la bibliothèque royale.*

Ces volumes renferment un grand nombre de généalogies.

Preuves de Malte, 5 vol. man. grand in-fol. *A la bibliothèque de l'Arsenal.*

Ce sont les preuves, c'est-à-dire les quartiers, d'une grande partie des chevaliers de Malte Français ; malheureusement le volume qui devrait contenir les Preuves des chevaliers de la langue d'Auvergne manque à cette importante collection.

Recueil d'armoiries de Gilles le Bonnier, manuscrit sur parch. in-4. *Aux manuscrits de la bibliothèque royale.*

Ce recueil a été dressé par « Gilles le Bonnier, dit Berry,
» premier hérault de très hault, très excellant, très puissant
» prince le roy Charles, septiesme de son nom, roy de France.
» Par lui nome et crée hérault en l'an mil cccc et vingt. Et
» depuis coronne et crée par icellui, prince en son chastel de
» Mehun, et roy d'armes du pays et marche de Berry. » C'est certainement le plus curieux armorial que nous ait laissé le moyen-âge, en ce qu'il est de date certaine; on y trouve les armoiries de beaucoup de familles du centre de la France, particulièrement du Berry.

Recueil des généalogies des illustres maisons de France, ou leurs 16 quartiers avec leurs blasons. 2 vol. man. in-fol. Blas. color. *A la bibliothèque Ste.-Geneviève.*

Ce recueil, fait au xviiie siècle, vient de la bibliothèque de l'abbaye de St.-Germain-des-Prés.

Titres de la bibliothèque royale.

Le cabinet des titres de la bibliothèque royale renferme beaucoup de documents généalogiques extraits des divers cabinets des juges d'armes de France, et d'autres collections; le savant M. Lacabane, qui est à la tête de ces précieuses archives, a bien voulu nous communiquer un assez grand nombre de pièces qui nous ont été d'une grande utilité.

Titres de Nevers, aux archives du royaume.

Ces titres, assez peu nombreux du reste, se trouvent à l'hôtel des archives du royaume.

TABLE DES MATIÈRES

CLERGÉ.

Avant-propos	5
Évêché de Nevers	9
Chapitre de Nevers	9
Doyenné de Nevers	10
Évêques de Nevers	10
Évêché de Bethléem	22
Évêques de Bethléem	23
Chapitre de Châtelcensoir	27
— de Clamecy	27
— de Cosne	28
— de Donzy	28
— de Tannay	28
— de Varzy	28
— de Vezelay	29
Abbaye de St.-Martin de Nevers	29
— de Bellevaux	30
— de Bourras	30
— de Cervon	30
— de St.-Laurent	31
— de St.-Léonard	31
— de Notre-Dame de Nevers	32
— de Notre-Dame de Réconfort	32

Prieuré de Saissy-les-Bois 32
— de la Charité 33
— de St.-Étienne de Nevers 33
— de St.-Sauveur de Nevers 34
— de St.-Pierre-le-Moûtier 34
Chartreuse d'Apponay 35
— de Notre-Dame de Bellary 35
— de Basseville 35
Communauté des Augustines de Cosne 36
— des Bénédictines de l'Immaculée Conception de Notre-Dame de Cosne 36
Congrégation de Notre-Dame de Donzy 36
Communauté des Ursulines de Corbigny 36
— des Bénédictines réformées de Notre-Dame-du-Mont-de-Piété de la Charité 37

TIERS-ÉTAT.

Ville de Nevers 39
Officiers du bailliage et pairie de Nevers 40
— de l'élection de Nevers 41
— de la maîtrise des eaux et forêts de Nevers . . . 41
Corporations de la ville de Nevers 41
Ville de la Charité 42
Officiers de l'élection de la Charité 43
— du grenier à sel de la Charité 43
Corporations de la ville de la Charité 43
Commune de Châtelcensoir 45
Ville de Clamecy 45
Corporations de la ville de Clamecy 46
Ville de Corbigny 48
— de Cosne 48
Officiers du grenier à sel de Cosne 48
Ville de Decize 48
— de Donzy 49
— de Lormes 49
— de Moulins-Engilbert 49
— de St.-Pierre-le-Moûtier 50
Prévôté de St.-Verain 50
Officiers de l'hôtel-de-ville de Varzy 50

Ville de Vezelay. 51
Officiers de l'élection de Vezelay 51

NOBLESSE.

Comté 53
Comtes et ducs. 54
Premiers barons 73
— Chauderon. 74
— de Bourbon-Cluys 74
— Dauphin 75
— de Mello 75
— Cochet 75
— Andrault de Langeron 75
— de Châtillon 76
— de Vienne. 77
— de Montmorency-Fosseux. 77
— de Villars 77
— de la Ferté-Meung 77
— de Frasnay 78
— de la Platière. 78
— des Barres. 78
— de Gamaches. 79
— Regnier de Guerchy 79
— de Bar 79
— Tenon 80

FAMILLES.

Alixand 80
Anceau 80
D'Ancienville. 81
Andras de Marcy 81
D'Angeron 81
D'Anisy 81
D'Anlezy 81
D'Armes 82
D'Arthel 82
Arvillon 82
L'Asne. 82
D'Assigny. 82

Andeaul 83
D'Aulnay 83
D'Avenières 83
D'Avril 83
Babaud de la Chaussade 83
Babute 83
Baille de Beauregard 84
Bardin 84
Bargedé 84
De la Barre 85
De la Barre 85
Baudreuil 85
Baudron de la Mothe 85
Le Bault 86
De Bazelle 86
De Béard 86
Bellon de Chassy 86
Bernard 86
De Bernault 86
Bernot de Charant 87
Berthier de Bizy 87
Beurdelot 87
De Bèze 87
La Bize 88
De Blanchefort 88
De Blosset 88
Bogne de Faye 199
Du Bois-d'Aisy 89
Du Bois-des-Cours 89
De Boisserand 89
Bolacre 89
De Bongards 90
De Bonnay 90
Bonnet 90
Bonnin 90
Des Bordes 91
Borne de Grandpré 91
Le Bourgoing 91
Le Bourgoing de Folin 91
Boutillat 92

Bouzitat	92
De Breschard	93
Le Breton	93
De Brinon	93
Brisson	93
Du Broc	94
Bruneau de Vitry	94
De la Bussière	94
Carpentier de Changy	95
De Certaines	95
De Cervon	95
De Chabannes	95
Chaillot	96
Du Chaillou	96
Challemoux	96
De Challent	97
Challudet	97
De Chaluraine	97
Chambrun de Rosemont	97
De Champlemy	97
De Champrobert	98
De Champs	98
De Chandioux	98
De Changy	99
De Chargère	99
De Charry	99
De la Chasseigne	99
De Chassy	100
De Chasteauvieux	100
De Chasteauvillain	100
De Chéry	100
De Chevenon	101
De Chevenon de Bigny	101
De Chevigny	102
Le Clerc de Fleurigny	102
Le Clerc de Juvigny	103
Le Clerc du Tremblay	103
De Clèves	103
Coinctet	104
Du Coing	104

ARMORIAL DU NIVERNAIS.

Collesson 104
Collin de Gévaudan. 104
Des Colons. 105
De Comeau 105
Coquille 105
De Corbigny 106
De Cossay. 106
Cotignon 106
De Courvol 107
De Crécy 107
Du Crest 107
Du Creuset de Richerand. 108
De la Croix 108
De Crux 108
De Damas. 108
Du Deffend 109
De Digoine 109
Doibt 110
Dollet 110
Doreau. 110
De Dornes. 110
De Dreuille 111
De Druy 111
Dupin 111
De l'Espinasse 111
D'Estutt de Tracy 112
De Favardin 112
Flamen d'Assigny 112
De la Forest 113
Forestier 113
Foucher 113
Foulé 113
Du Four 114
Frappier 114
Galaix 114
Gallope. 114
De Ganay 115
Garnier 115
Gascoing 115
Le Gentil 115

Des Gentils	116
Girard	116
Girard de Vannes	116
Gourdon	117
Des Gouttes	117
De la Grange d'Arquien	117
De Grantris	117
Grêne	118
De Grivel	118
Gudin	118
Gueneau	118
Guillaume de Sermizelles	118
Guillemin	119
Guillier	119
Guynet	119
Guyot	119
Hinsselin	120
Hodeneau de Brevignon	120
D'Hubant	120
D'Imbert	120
Des Jours	120
De Lamoignon	121
De Lange	121
De Lanty	122
De Las	122
De Lavenne	122
De Leugny	122
De Lichy de Lichy	123
De Loron	123
De Lucenay	123
De Luzy	123
Du Lys	124
De la Magdelaine de Ragny	124
De Marafin	124
Maraude	125
De Marcelanges	125
De Marchangy	125
De la Marche	125
Le Maréchal	125
Marion	126

De Masin	126
Maslin	126
De Maulnorry	126
De Maumigny	127
De Menou.	127
De Mesgrigny.	128
Millin	128
Monarchie	128
De Moncorps	128
De Montsaulnin	129
Moquot.	129
Moreau.	129
De Morogues.	129
De la Mothe de Dreusy.	129
Mullot de Villenault.	130
De Neuchèses	130
De Noury	130
Olivier	130
Olivier.	131
De Pagani.	131
Des Paillards.	131
Le Pain des Bordes.	131
De Palierne de Chassenay	132
De Paris	132
Le Peletier d'Aulnay	132
Pernin	133
Perreau	133
De la Perrière	133
Pierre	133
De Piles	134
Pinet	134
Pitois	134
De Poiseux	135
Pomereuil.	135
De Ponard	135
De Pontaillier	135
Du Pontot.	135
De Popillon	136
Pot	136
De Pougues	136

De Pracomtal	136
Du Pré	137
Le Prestre de Vauban	137
De Prévost de Lacroix	137
Des Prez	138
De Prie	138
Prisye	138
Rapine de Sainte-Marie	139
Des Reaulx	139
De Rémigny	140
Renault de Touteuille et de Savigny	140
De Reugny	140
De Réveillon	140
Richard de Soultrait	141
De la Rivière	141
De la Roche de Lupy	142
De la Rochette	142
De Roffignac	142
Roux	143
Roy	143
Le Roy	143
De St.-Aubin	143
De Saint-Phalle	144
De Saint-Verain	144
De Salazar	144
Sallonnier de Tamnay	145
De Saulieu	146
Saulnier	146
Savary de Brèves	147
Save de Savigny	147
De Savigny	147
De Serre	147
Simonnin	147
Sorbier	147
De la Teillaye	148
De Ternant	148
De Thianges	148
Thibaut	149
De Thoury	149
Tiersonnier	149

De Torcy de Lantilly 150
Le Tort 150
De la Touche 150
De Toucy. 151
De la Tournelle. 151
Des Trappes. 152
De Troussebois 162
Des Ulmes. 152
De Vaux 152
De la Vaux 153
De Veilhan de Giry. 153
Du Verne. 153
Viel de Lurcy d'Espeuilles 153
De Vielbourg. 154
Des Vignes 154
De Villaines 154
De Villards 155
De Virgille 155
Vyau de Fontenay et de la Garde. 155

Liste des membres de l'ordre de la noblesse du bailliage de Nivernais et Donziois, comparant et votant à l'élection des députés aux états généraux 157
Ouvrages et documents cités dans le cours de l'armorial du Nivernais. 175

FIN DE LA TABLE DES MATIÈRES.

ERRATA (1).

Bogne de Faye.

Armes.

D'azur, à un chevron, surmonté d'une gerbe, et accompagné en pointe de trois roses, posées 2 et 1, le tout d'or (2). (*Armorial de la généralité d'Orléans.*)

---

(1) Nous ne signalons point ici les fautes d'impression que nous avons pu laisser subsister dans cet ouvrage, persuadé que nous sommes de l'inutilité de ces corrections après coup ; nous nous contentons de donner dans cet *Errata* les armoiries d'une famille oubliée à son ordre alphabétique.

(2) Dans l'*Armorial manuscrit du Nivernois*: *D'azur, à une gerbe d'or, sortant d'une corbeille de même.*

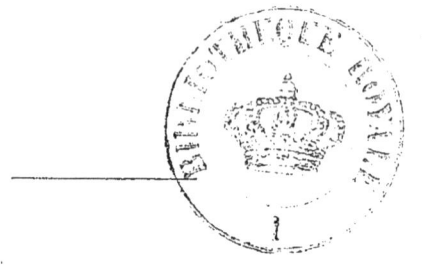

PL. I.

ÉVÊCHÉ.

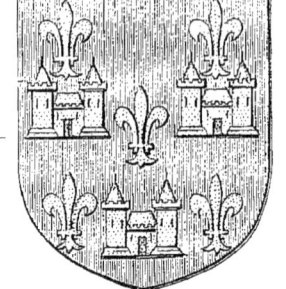

CHAPITRE.

DOYENNÉ.

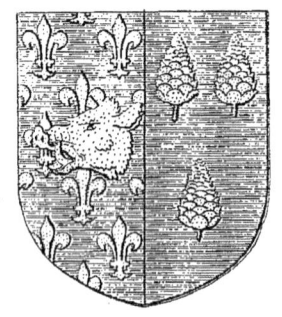

ÉVÊQUES.

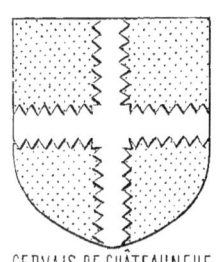
GERVAIS DE CHÂTEAUNEUF.

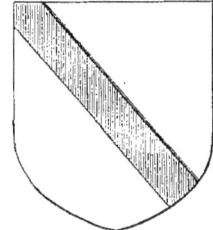
ROBERT CORNU.

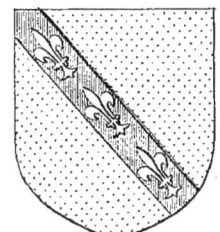
GILLES DU CHÂTELET.

JEAN DE SAVIGNY.

PIERRE BERTRANDI.

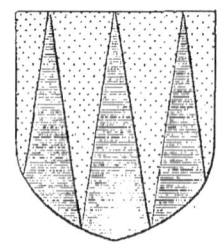
BERTRAND DE FUMEL.

PIERRE AYCELIN DE MONTAIGU.

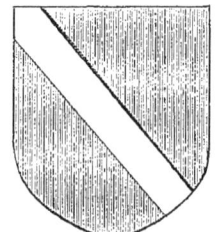
JEAN DE NEUFCHÂTEL.

PIERRE DE DINTEVILLE.

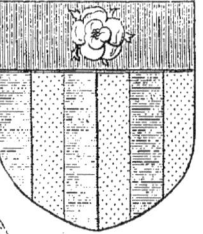
ROBERT DE DANGEUL.

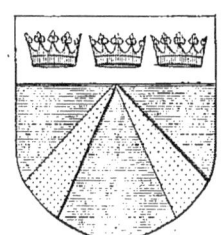
JEAN D'ETAMPES.

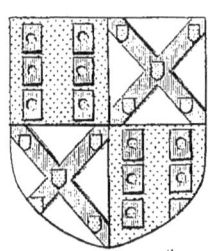
FERDINAND D'ALMEIDA.

EMILE LESACHÉ DEL & SCULP

PL. II.   ÉVÊQUES.

PHILIPPE DE CLÈVES.

JEAN BOHIER.

IMBERT DE LA PLATIÈRE.

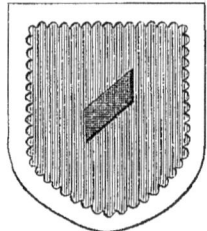
JACQUES D'ALBRET-ORVAL.

CHARLES DE BOURBON-VENDÔME.

JACQUES PAUL SPIFAME.

ARNAUD SORBIN.

EUSTACHE DU LYS.

EUSTACHE DE CHÉRY.

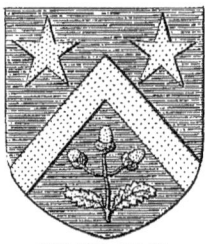
EDOUARD VALOT.

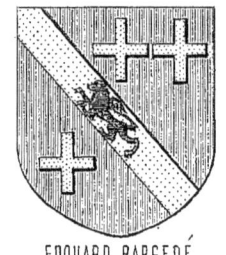
EDOUARD BARGEDÉ.

CHARLES FONTAINE DES MONTÉES.

GUILLAUME D'HUGUES.

ANTOINE TINSEAU.

PIERRE DE SÉGUIRAN.

LOUIS JÉRÔME DE SUFFREN.

J. B. F. NICOLAS MILLAUX.

CHARLES DE DOUHET D'AUZERS.

Mgr PAUL NAUDO.

Mgr DOM. AUGUSTIN DUFÊTRE.

EMILE LESACHÉ DEL & SCULP.

PL. V.

VILLES & CORPORATIONS.

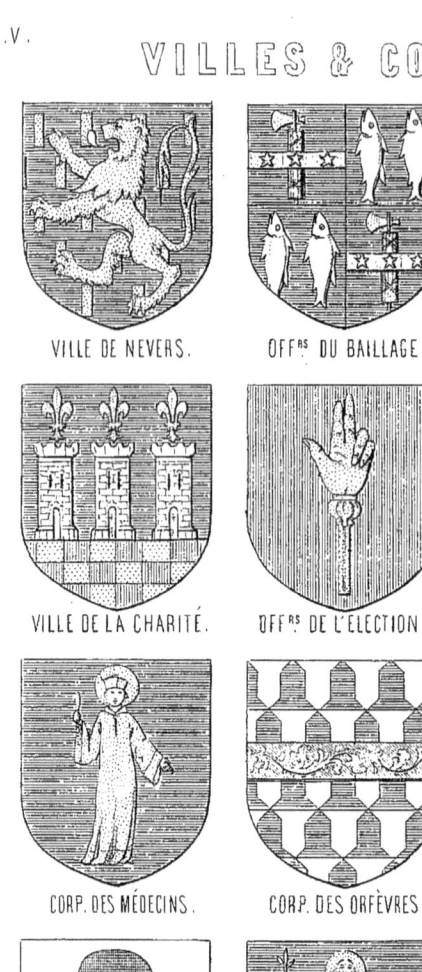

VILLE DE NEVERS.   OFF^{rs} DU BAILLAGE.   OFF^{rs} DE L'ELECTION.   OFF^{rs} DES EAUX & FORÊTS.

VILLE DE LA CHARITÉ.   OFF^{rs} DE L'ELECTION.   OFF^{rs} DU GRENIER À SEL   CORP. DES NOTAIRES & PROCUREURS

CORP. DES MÉDECINS.   CORP. DES ORFÈVRES.   CORP. DES CABARETIERS.   CORP. DES BOUCHERS

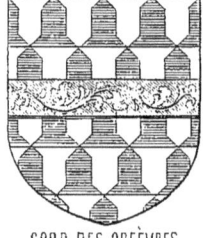 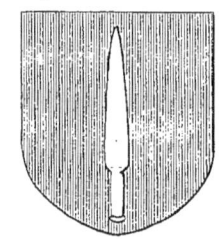

CORP. DES BOULANGERS.   CORP. DES CHARPENTIERS.   CORP. DES MARÉCHAUX   CORP. DES SELLIERS.

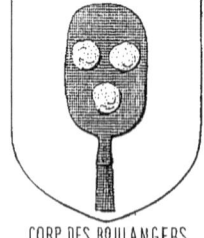   

COM. DE CHATELCENSOIR   VILLE DE CLAMECY.   CORP. DES PROCUREURS   CORP. DES MÉDECINS.

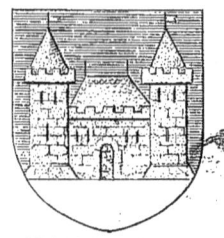   

EMILE LE SACHÉ DEL & SCULP.

PL. VII.

COMTES & DUCS.

COMTÉ.

DE COURTENAY.	DE DONZY.	DE FOREZ.	DE CHÂTILLON.
DE BOURBON. (ANCIEN)	DE BOURGOGNE-NEVERS.	DE FRANCE-NEVERS.	DE FLANDRE.
DE BOURGOGNE.	DE BOURGOGNE-NEVERS.	DE BOURGOGNE-NEVERS.	D'ALBRET-ORVAL.
DE CLÈVES.	DE GONZAGUE.	MAZARINI.	MANCINI-MAZARINI.

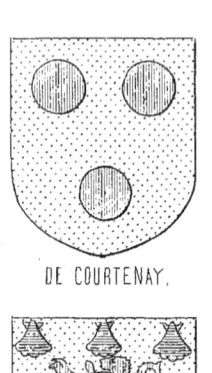

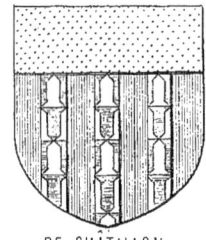

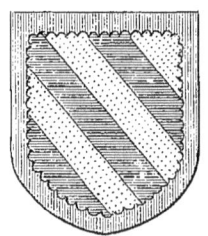
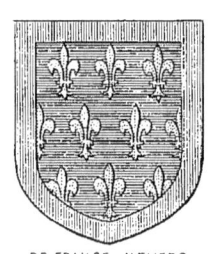

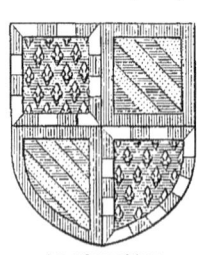

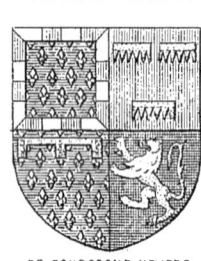

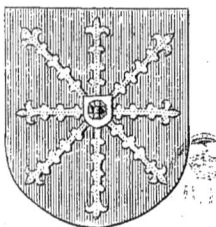

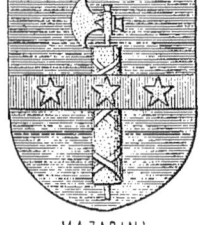

Emile Le Saché del. & sculp.

PL. XVII.

FAMILLES.

MULLOT DE VILLENAULT.

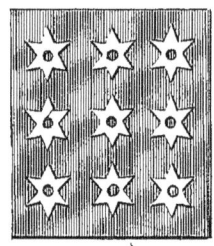
DE NEUCHÈSES.

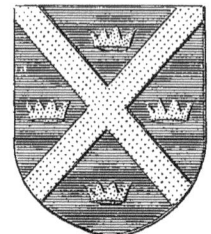
DE NOURY.

OLIVIER.

OLIVIER.

DE PAGANY.

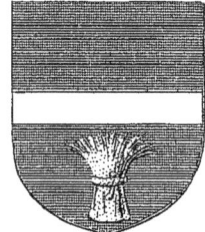
DES PAILLARDS.

DE PALIERNE DE CHASSENAY.

DE PARIS.

LE PELETIER D'AUNAY.

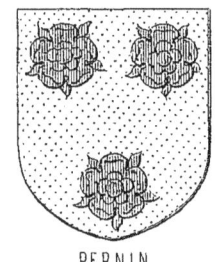
PERNIN.

PERREAU.

DE LA PERRIÈRE.

PIERRE.

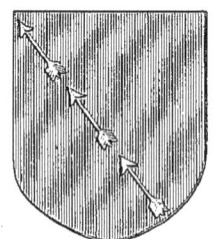
DE PILES.

PINET.

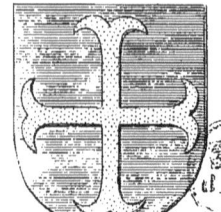
PITOIS.

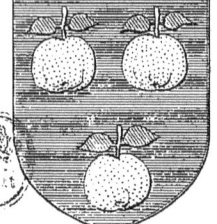
POMMEREUIL.

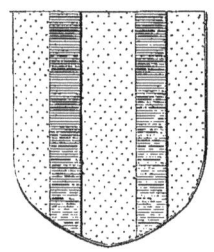
DE PONARD.

DE PONTAILLIER.

FAMILLES.

 DE THOURY.
 TIERSONNIER.
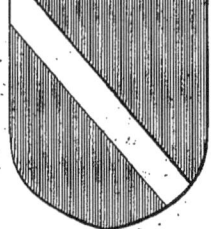 DE TORCY DE LANTILLY.
 LE TORT.

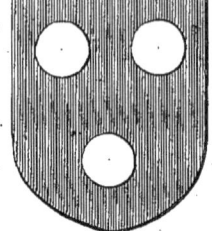 DE LA TOUCHE.
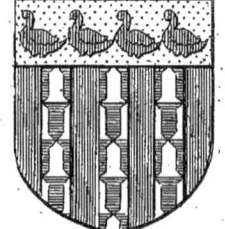 DE TOUCY.
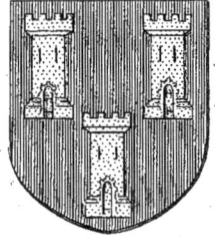 DE LA TOURNELLE.
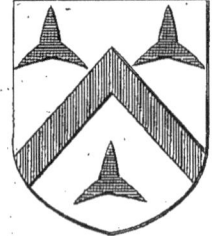 DES TRAPPES.

 DE TROUSSEBOIS.
 DES ULMES.
 DE VAUX.
 DE LA VAUX.

 DE VEILHAN DE GIRY.
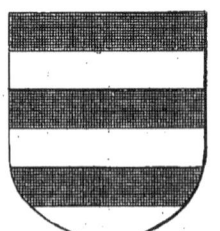 DU VERNE.
 VIEL DE LUNAS D'ESPEUILLES.
 DE VIELBOURG.

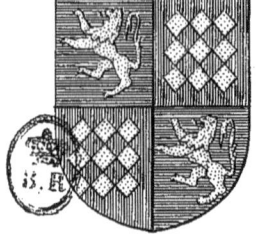 DE VILLAINES.
 DE VIRGILLE.
 VYAU DE FONTENAY.

EMILE LE SACHÉ DEL & SCULP.

www.ingramcontent.com/pod-product-compliance
Lightning Source LLC
Chambersburg PA
CBHW071933160426
43198CB00011B/1381